不打不骂：
穷养男孩的
100个细节
boys

陈冬梅◎编著

中国商业出版社

图书在版编目（CIP）数据

不打不骂：穷养男孩的 100 个细节／陈冬梅编著. —北京：中国商业出版社，2017.4
ISBN 978-7-5044-9811-3

Ⅰ.①不… Ⅱ.①陈… Ⅲ.①男性—家庭教育 Ⅳ.①G78

中国版本图书馆 CIP 数据核字（2017）第 069444 号

责任编辑：武文胜

中国商业出版社出版发行
010-63180647　　www.c-cbook.com
（100053　北京广安门内报国寺 1 号）
新华书店经销
北京龙跃印务有限公司
★　★　★　★　★
710×1000 毫米　1/16　15 印张　208 千字
2017 年 10 月第 1 版　2017 年 10 月第 1 次印刷
定价：39.80 元
★　★　★　★
（如有印刷质量问题可更换）

前　言

　　家有小小男子汉，如何才能让他们在成长过程中变得越来越优秀呢？俗话说得好："自古富贵多淑女，从来纨绔少伟男。"现如今，"穷养"男孩作为一种教育理念，已经成为越来越多男孩家长心目中的教育"圣经"。所谓"穷养"，本质在于对男孩吃苦耐劳、勇敢坚韧、真诚坦率、机智果断以及责任感等品质的培养。"穷养"的精髓在于让男孩子走出"温室"，多经历一些风雨，在摔摔打打中尽早地体验社会，在实践中变得更加成熟理性。正如古人所言："艰难困苦，玉汝于成。"只有经过"穷"和"苦"锤炼过的男孩子才能褪尽娇弱，以艰苦奋斗为荣，以骄奢淫逸为耻，最终走上正确的人生之路，实现自己的人生价值。

　　现代社会，随着生活水平的不断提升，人们支配物质的能力也大大增强。很多家庭在物质上竭尽所能地满足男孩的要求，可谓把男孩当成小皇帝一样供养，要什么给什么。而且除了物质上的满足之外，很多家长还有意无意地将男孩子关进了"温室"，想尽办法替他们遮风挡雨，不管大事还是小事，一律大包大揽，生怕男孩受到什么委屈和伤害。在这种环境中成长的男孩，习惯了爸爸妈妈的呵护，不仅缺少做事的积极性和主动性，也很难具备独立做事的能力。陶行知先生曾经说过："滴自己的血，流自己的汗，自己的事情自己干；靠天靠地靠老子，不算是好汉。"陶行知先生的话揭示出一条深刻的人生道理：独立对于男孩而言是人生最宝贵的财富。可想而知，在"温室"中成长起来的男孩，

走上社会之后，离开了爸爸妈妈的庇护，会是怎样的彷徨无助！

　　基于此，穷养男孩就变得尤为必要了。托尔斯泰说："爱孩子是老母鸡都会干的事，关键是怎么教育孩子。"爸爸妈妈对男孩的爱并不一定只体现在建造"温室"上，智慧的父母会通过引导和培养，让家中的男孩尽早地接触社会，为他们创造吃苦的环境，引导他们在摸爬滚打中慢慢地学会独立面对这个世界，勇敢坚定地走自己的路，成为一个真正的男子汉。

　　男孩正处于长身体、学知识的成长期，这个时期也正是培养他们诸多品质和能力的最佳时期。本书立足于穷养男孩的教育理念，从吃苦锻造男孩、家长改变自身教育方法、亲子沟通、独立放手、规矩教育、自信阳光、成功品质、思维创新、财商培养等方面进行深入剖析，用简单有效的方法引导家长巧妙地穷养男孩，让家长在穷养过程中提升男孩的各项能力，培养男孩的责任感，塑造有助于男孩成功的黄金品质。

目 录

001 | 第一章
穷养的关键是让男孩吃苦

和小伙伴的一次"决斗" / 002
摔出来的旱冰高手 / 004
难忘的夏令营活动 / 006
一次故意的走丢之后 / 008
破茧成蝶,小小蝴蝶诞生记 / 010
足球和小肯尼迪 / 012
我们并不那么富有 / 014

017 | 第二章
穷养男孩首先要改变自己

智慧爸爸巧引导 / 018
对打架的男孩放下"棍棒" / 020
向爸爸妈妈学习"吃苦" / 022
儿子太胆小,妈妈慧眼掘其因 / 024
有奖回答问题 / 027

独自一人去买书 / 029
开水倒进鱼缸之后 / 031
爸爸妈妈的统一战线 / 033

037 | 第三章
不吼不叫，穷养需这样和男孩沟通

冷静对待"闯红灯" / 038
面对儿子的错误最好敞开心扉 / 040
按照约定时间回家 / 042
那个玩具现在不能买 / 044
考砸了，也要运用"南风效应" / 047

049 | 第四章
穷养男孩的理性

超市玩具风波 / 050
小猫咪也有爸爸妈妈 / 052
飞机模型颜值比赛 / 053
当"英雄"付出的代价 / 055
变形金刚和新华字典 / 057
保护球球被狗咬 / 059

063 | 第五章
穷养的途径是放手

孩子，终有一天我要离开你 / 064
在姑妈家的日子 / 066

另一只鞋子自己穿 / 068
保证不偷看日记 / 069
一道数学题的答案 / 072
"非诚勿扰"风波 / 074
卡通画像和补习班 / 076
充满爱心的慈善拍卖会 / 078
周末变身"洗车勇士" / 080
在浴室哭泣的男孩 / 082

085 | 第六章
穷养男孩的基础是让其懂规矩

挤出来的尴尬 / 086
如何改掉磨磨蹭蹭的坏习惯 / 088
在约定的时间内玩游戏 / 089
定一条好的家规 / 091
偶像也有做得不对的地方 / 094
比尔·盖茨的阅读规矩 / 096
逗醒妹妹之后 / 097
不和耍赖的孩子下棋 / 099

101 | 第七章
穷养男孩的耐性与细心,塑造真正男子汉

自己的作业自己检查 / 102
将要带的东西写在纸上 / 104
细心坚持考了满分 / 105
蛋糕券忘带之后 / 107

给爸爸的衣服缝纽扣 / 109
洗净自己的小背心 / 110
细心并不等于敏感多疑 / 112

115 | 第八章
穷养的目的是让男孩更自信阳刚

"擎天柱"送来的礼物 / 116
勇敢参加跳远比赛 / 118
单车和极限运动 / 120
爸爸竖起了大拇指 / 122
参加一次辩论赛 / 124
坚持走到终点的选手 / 126
坚持一下，战胜了，前面就是坦途 / 128

131 | 第九章
穷养的极致是塑造男孩成功品质

弹钢琴和鲨鱼的故事 / 132
将减肥进行到底 / 134
为每天的活动制订计划 / 136
敢于实践的考古之旅 / 138
给报纸投稿 / 141
给生病的爸爸做饭 / 143
和谎言说"拜拜" / 145
长大之后上"清华" / 147

151 | 第十章
穷养男孩的关键是让其思维闪光

月亮是怎么做出来的 / 152

福娃之间的区别 / 153

和男孩一起拆修玩具 / 155

创造者的晚宴 / 157

给故事编一个结尾 / 160

最美味的午餐 / 162

涂鸦风波 VS 探索心理 / 164

有趣的脑筋急转弯 / 165

有好奇心的男孩最聪明 / 167

169 | 第十一章
穷养男孩的良好人际交往能力

一次难忘的夏令营 / 170

你的朋友自己选 / 172

为新同学讲故事 / 174

做一个认真倾听的孩子 / 176

冰激凌风波 / 178

张叔叔的赞美 / 179

照顾受伤的同学 / 181

15 张游戏卡片 / 183

一起荡秋千 / 185

189 第十二章
穷养男孩的核心是培养高财商

换来的玩具 / 190
大狗熊存钱筒的故事 / 192
小小快递员 / 194
家里的钱你来管 / 197
列出一个消费清单 / 199
买东西要学会砍价 / 201

205 第十三章
穷养男孩，管住小情绪

迟到的文具盒 / 206
向谢坤山学习 / 208
旧文具盒和新文具盒 / 210
爱你，才会批评你 / 212
考试不好都是别人的错 / 214

217 第十四章
穷养男孩，就要让男孩"慢"下来

一天一集《智慧树》/ 218
小小金鱼饲养员 / 220
你是个善始善终的好孩子 / 222
朗读课文给妈妈听 / 224
妈妈的好帮手 / 226

第一章
穷养的关键是让男孩吃苦

和小伙伴的一次"决斗"

穷养男孩,关键的一点在于让男孩在吃苦中变得更加坚韧。随着社会经济水平和家庭生活水平的不断提高,很多家庭中的男孩都享受着优越的物质条件,想要什么就有什么。在这种背景下,怎么才能让男孩吃苦呢?

在此,爸爸妈妈不能将"吃苦"简单地同"物质贫乏"画上等号。让家中的男孩子吃苦,其实是要让孩子接触这个社会,品尝一下社会环境中的苦涩。

在男孩子的生活和学习中,总会遭遇到一些"不公平"待遇,比如没有做错事却被人冤枉,没有做错的题被老师减分……爸爸妈妈应该怎么指导男孩子去面对所谓的"不公平"呢?

有一天,明阳放学之后就把自己关在屋子里一直没出来。妈妈觉得很奇怪,先前明阳放学回家都是满屋子乱跑,怎么今天这么反常呢?妈妈从明阳虚掩的门缝里面往里看,发现他正学李小龙的样子,一边咬着牙,一边抬腿踢,右腿踢得还行,有点李小龙的样子,可是左腿却踢不高。

妈妈很纳闷儿子为什么要练习踢腿,于是她轻轻地敲了几下门,得到儿子允许后走了进去。妈妈问明阳:"刚才妈妈看你学李小龙踢腿,怎么突然想起来练腿脚了?"明阳很生气地说:"明天上学的时候我要报仇,和同桌决斗!"听了这样的话,妈妈的心一下子紧张起来,儿子

的意思很明显，就是想明天和同桌打上一架，这还了得。

妈妈赶紧把明阳拉到身边，问他："儿子，为什么要和同桌决斗呢？"明阳愤愤不平地说："他冤枉我。今天上体育课的时候，我们在一起踢球，张飞从后面推了他一下，把他推倒了。但是他站起来之后偏说是我将他推倒的，猛推了我一下，把我推到了，胳膊都摔破了，我明天一定要找他报仇，你看！"说着明阳就把袖子挽起来，露出一道两厘米的伤口让妈妈看。

妈妈看了非常心疼，赶紧拿来医用酒精为明阳处理伤口。妈妈一边给明阳处理伤口，一边对他说："儿子，我知道你遭受了不公平待遇，被同桌冤枉了，他把你推倒是不对的，但是你想明天找他打架报仇同样也不对。你要明白，在这个世界上，遭受了不公平的待遇，采用暴力方式是解决不了问题的。"明阳半信半疑，问妈妈："为什么我看的电视剧里，被别人冤枉了都要打架呢？"

妈妈跟他解释道："电视里面演的都是虚构的，和现实不同，假如按照电视里面的情节生活，那会很糟糕的。"

"那我该怎么办呢？"明阳疑惑地问。

妈妈说："妈妈相信你是被冤枉的，你可以告诉老师，妈妈相信老师一定能够公正地处理这件事情。"最终明阳告诉了老师，老师批评了明阳的同桌，并让他们两个握手言和了。妈妈很庆幸自己的劝说有了效果，让孩子知道在遭受不公平时怎么面对。

发展心理学研究表明，在男孩子的成长过程中，成人的信任、鼓励和关怀是非常重要的。特别是在男孩子受到不公平待遇的时候，来自成人的爱和信任能够增强男孩子的抵抗力，促进男孩子身心的健康发展。

因此，在男孩受到不公平待遇的时候，爸爸妈妈要做他的"定海神针"，关爱他们，了解他们，信任他们，为他们提供坚强的精神支持和温暖的情感滋养。这样的话，男孩子在面对不公平待遇时，才能理性地去面对，而不是采用暴力的方式。

具体来看，家长应该这么做：

耐心听孩子诉说，让他将内心的不平情绪发泄出来。耐心倾听孩子的述说，让他澄清其中的细节，引导他把内心的不平抒发出来。在这个过程中，家长适时表达自己的理解和支持。这样处理后，孩子一般就不会再有太多的负面情绪了，他再次面对不公平的时候，心情会平静很多。

及时表达自己的信任。男孩子看似大大咧咧，但是内心同样也是敏感的。当他们受到不公平待遇的时候，爸爸妈妈要及时向男孩子表达自己的信任，做男孩子坚强的情感后盾。这样男孩子才会变得理性起来，不至于情绪失控。

摔出来的旱冰高手

从哪里摔倒，就从哪里爬起来，这是培养男孩吃苦精神的核心所在。很多爸爸妈妈在男孩遇到困难和挫折的时候习惯做"保姆"，害怕男孩吃苦，总是在第一时间出现在男孩面前，替他们"撑起一片天"。这样做看似给了男孩最好的成长环境，但实际上却将男孩培养成了温室中的花朵，只会让男孩在面对风雨的时候变得更加脆弱。

家长应告诉家中的男孩子，从哪里跌倒了，就从哪里站起来。这样他才会在今后的生活和学习中变得越来越坚强，当再次面对失败的时候，才知道怎么去面对。人生没有永远的赢，也没有永远的输，而人的抗压能力，往往是在挫折之中锻造出来的。对成人来说如此，对男孩来说也是如此。

海昌今年八岁了，最近对旱冰很着迷，一直缠着妈妈给他买一双旱冰鞋和一套防护设备。妈妈见海昌对滑旱冰这么感兴趣，就答应了他的请求，带着他去体育用品商店买了一套滑旱冰的防护用品，当然，还有海昌最喜欢的旱冰鞋。

买好了装备，妈妈每天都带着海昌去旱冰场练习滑旱冰。刚开始的时候，海昌总是摔倒，有时候还会摔得很厉害，有几次海昌哭着对妈妈说："妈妈，学滑旱冰真的很难啊，我总是站不稳，摔得疼死了。妈妈你看，我胳膊这儿都摔青了，妈妈，我不想再学了。"妈妈听了之后就鼓励海昌道："儿子，男子汉要坚强哦，要是因为摔了几跤就放弃的话，以后怎么能做大事呢？"

听了妈妈的话，海昌又走到旱冰场中练习起来，有几次摔跤，妈妈看着心疼，本想过去把海昌扶起来，但是最终还是没有那么做。妈妈站在旱冰场边上，给海昌加油："儿子，妈妈相信你一定可以滑得很好的。"海昌听着妈妈的鼓励，摔倒后很快就自己挣扎着爬起来，继续滑。就这样没几天，海昌掌握了滑旱冰的技巧，开始在旱冰场上快速地滑行了。每当海昌在旱冰场上快速地驰骋的时候，海昌妈妈就觉得非常欣慰，她对海昌的爸爸说："那时候做的真对呢，在他摔倒的时候没有扶他，不然现在咱们可看不到儿子在旱冰场上如此地生龙活虎！"

妈妈在海昌学习旱冰过程中遇到挫折的时候，没有因为心疼儿子而将他扶起来，而是鼓励他，让他自己站起来，让他有勇气面对挫折，使他最终在一次次的摔倒之后掌握了滑旱冰的技巧，体验到了在旱冰场上飞驰的快乐。所以，在日常生活中，家长在孩子失败之后，要学会让男孩子自己"站起来"，培养孩子的抗挫折能力。

但是现实社会中，很多男孩子却恰恰缺少这种跌倒了再爬起来的勇气。家长的大包大揽，使得他们在顺风顺水的环境中长大，以至于很少遇到挫折，而一旦遭遇到挫折，他们往往就会表现得很沮丧，很无奈，甚至再也不想从头开始了。这样的男孩长大之后走入社会是很脆弱的。所以爸爸妈妈应该重视小男孩抵抗挫折能力的培养，在男孩子跌倒了以后，鼓励他们自己站起来，让他们自己去解决问题，而不是将他们扶起来，替他们去解决问题。

家长可以这样做：

及时给予鼓励。比如，当男孩在挫折面前表现得比较沮丧时，妈妈应该告诉孩子"所有的人都会经历这样的挫折，不仅仅是你"；"失败没有什么大不了的，重要的是你可以从其中学会很多东西"；"跌倒了再站起来，你就一定能成功"。

营造一种"期望挫折"。当家里的小男孩想要某件东西的时候，爸爸妈妈可以当面拒绝，故意给孩子一种"期望上的挫折"，让他明白这个世界上并不是要什么就有什么，期望是不可能全被满足的。这样一来，虽然孩子当时会不高兴，但是他却会明白，人生不是所有的愿望都会得到满足。"人生不如意之事十有八九"，没有被拒绝过的孩子，是经受不住人生的风雨的。

让男孩子自己去战胜困难。当孩子凭借着自己的力量战胜了眼前的困难和挫折的时候，他就会增添勇气，激起斗志，之前害怕的心理就会消失，自信心自然就会增强，认为自己是最好的，可以克服任何的困难，那么抵抗挫折的能力也就这样慢慢形成了。

难忘的夏令营活动

现在的男孩子想要有自己的空间不容易，在家有爸爸妈妈看着，在学校有老师管着，所以很多男孩子很少能够独立面对生活。这样的生活环境造就了很多"小皇帝"，要求很多，享受很多，但是吃的苦却很少，缺少坚强的意志，对将来的成长很不利。

有些家长意识到了这个问题，在暑假的时候让家中的男孩子走出家门，参加夏令营，让他们体会一个人面对生活的滋味，这种方法非常值得我们借鉴。

小晓今年八岁，学习非常好。但是让妈妈比较担心的是，小晓在生

活上一直比较依赖爸爸妈妈，每天都过着衣来伸手饭来张口的生活，个性比较懦弱。为了培养他坚强的意志和独立生活的能力，爸爸妈妈决定利用暑假这段时间，让小晓参加一个军训夏令营。

一开始，听说自己要离开爸爸妈妈参加军训夏令营，小晓非常排斥，噘着嘴抗议。但是爸爸妈妈不为所动，在暑假的第三天就把小晓送过去了。夏令营的一些安排就是通过军事训练以及一些游戏、户外拓展活动培养孩子们的责任心，练就坚强的品质。虽然小晓第一次离家，在送别的地方爸爸妈妈还是没有做太多的停留，他们害怕待得时间长了，小晓闹起来就不好收拾了。

第一天，妈妈一直想给小晓打电话，但是拿起手机又放了下来。妈妈觉得既然让小晓参加了夏令营，就要让他自己去面对这段生活，这样才能锻炼出坚强的个性。假如频繁打电话，会让他"身在曹营心在汉"，效果反而不好。于是妈妈狠了狠心，将注意力放在了其他事情上，没再给小晓打电话。

第二天晚上，夏令营的老师打来了电话，那边传来了一片嘈杂声，之后就传来了小晓的声音："妈妈，我是小晓……"接着传来了哭声，小晓抽泣着说了很多话，大意就是想爸爸和妈妈了，让妈妈马上去接他。妈妈安慰小晓道："妈妈在外地出差呢，等几天就去接你。"之后跟老师通话，老师告诉妈妈小晓白天玩得很快乐，就是晚上有点想妈妈。

过了两天，老师又打来了电话，里面传来了小晓的声音，妈妈仔细听着，小晓说话很高兴。问小晓玩得开不开心，他说很开心。看来这几天的军事夏令营生活让最初那个怯懦的小男孩变得坚强起来了，不再害怕独自面对陌生的生活。

让男孩子参加夏令营，离开可以依赖的爸爸妈妈，离开熟悉的生活环境，面对一个个陌生的挑战，这对男孩子来说绝对是一种难得的锻炼机会。很多男孩子之所以胆小怕事，遇事犹豫，最主要的原因还是在于

对父母过于依赖,很怕自己去面对这个世界。

当男孩子在夏令营中需要自己去面对陌生的生活时,他们的内心会有一个痛苦和挣扎的过程,但是在同学的陪伴和老师的指导下,他们内心焦躁、痛苦的情绪会慢慢消失,取而代之的是探索未知所带来的乐趣。这个时候,昔日爸爸妈妈眼中胆小的男孩子也就蜕变为一个真正的男子汉了。小晓的爸爸妈妈正是明白了这一点,才让小晓参加了夏令营,让小晓在摸爬滚打中学会坚强。

当然,在孩子参加夏令营的过程中,父母不要频繁地给孩子打电话,假如频繁和孩子通话的话,可能会动摇他们的决心。父母要对男孩子有信心,这样才能放手,让他们自己去面对。

适当放手,让男孩子自己去面对,才能重塑男孩子的个性,让他们变得更加坚强,在面对挫折和困难的时候不气馁不放弃,勇敢站起来,成为人生的强者。

一次故意的走丢之后

在男孩子的生活和学习中,爸爸妈妈要善于"制造"一些困难和难题,然后让孩子开动脑筋,凭自己的智慧和生活经验,去克服这些困难。这种方法,可以有效提升男孩子对挫折的承受能力,提升男孩子战胜困难的信心,让他们变得越来越坚强。

洋平今年九岁,家里有爷爷奶奶宠着,要什么给什么;在学校里,因为学习成绩一向不错,所以老师也非常喜欢他。爸妈觉得洋平的生活太顺利了,称得上事事如意,缺少挫折的磨砺,不利于将来的成长。所以爸爸妈妈打算给洋平设计一个"困境",让他亲身感受一下,从中汲取面对困境时的经验教训,变得更加坚强起来。

周末的时候,妈妈对洋平说:"儿子,咱们一家今天去公园看花展

好不好，各种各样的花，肯定很漂亮。"洋平非常高兴，当即就答应了。公园里百花争艳，人流涌动，如同过节一般。

见人很多，爸爸就对洋平说："儿子，走路的时候跟紧点，别走散了。假如一不小心走散的话，咱们就在公园北大门会合，记住了没有？"洋平点了点头，一路上跟着爸爸妈妈，看各种花儿，蹦蹦跳跳，很快乐。其实洋平最喜欢看路旁小摊位上的各种手工艺品，有时拿起来一件爱不释手。

不一会儿，洋平就被一个摊位上的泥人吸引了，蹲下来仔细看。爸爸妈妈趁机藏在了旁边一棵大树后面，妈妈让爸爸先去公园北大门，自己则跟着洋平，预防意外发生。

不久，洋平站了起来，四下看了看，却发现爸爸妈妈不见了。他一下子着急起来，都要哭出来了，长这么大，他还是第一次遇到这种情况呢。但是他似乎一下子想起了什么，赶紧往北门走去。妈妈远远地跟在后面，看着洋平的背影，觉得儿子真的长大了。

在公园的北大门口，洋平找到了爸爸，他飞快地跑了过去，一下子将爸爸紧紧抱住。之后赶来的妈妈和爸爸微笑着对视了一眼，只是说自己去找洋平了。通过这件事，洋平意识到生活中会有各种突发事件，一定要冷静面对。

心理学家认为，困境能够导致两个结果：一种是让人意志消沉，失去生活和工作的激情；另一种是让人变得更加坚强，更有拼搏的韧性。现阶段，男孩子的生活和学习条件一般都很优越，遭受困境的概率大大下降，再加上长辈的宠爱，使得他们总"心想事成"，缺少困境体验。在这样的环境中长大的男孩子，一旦遭受到困境，往往会导致第一种结果：他们往往因为接受不了强烈的反差，变得意志消沉，甚至在失败之后一蹶不振。

所以爸爸妈妈有必要在男孩子的成长过程中，多为他设计一些"困境"，让家中的男孩子提前品尝"困境"的苦涩，发现问题就地引

导解决,这样一来,孩子才能不断积累经验教训,在之后人生遭遇困境的时候,才会变得更加坚强,而不是消极颓废。

设计"困境"时要注意这些小原则:

原则一:"困境"不要太难。为男孩子设定的"困境"不要太难,假如难度超过了男孩子的承受能力,不仅不能锻炼男孩子的坚强意志,反而会让他们失去信心,变得越来越自卑。另外家长最好能够掌控整个过程,避免意外发生。

原则二:男孩子摆脱"困境"后及时给予夸奖。妈妈说身体不舒服,让八岁的儿子自己去煮饭。儿子抓了一把米,放了很多水,最后煮了一锅饭,里面只有几粒米。儿子觉得没煮好,但是妈妈却表扬了他:"饭很香,妈妈就爱喝这样的稀饭!"于是儿子笑了起来,感觉自己能做很多事情了。

当孩子从我们设定的困境中走出来后,不管他做得怎么样,都要及时地表扬他,强化他战胜困难的自信和勇气,这样在之后的人生中,面对困难时他才能越来越坚强。

破茧成蝶,小小蝴蝶诞生记

没有承受过挫折与失败的男孩子,第一次面对失败时,家长应该做些什么?应该怎样引导孩子走出失败的阴影呢?单纯的说教有时并没有太大的作用,男孩子吃了苦头,应该从吃苦中获得更大的启发。

小强壮上小学六年级,学习一直名列前茅,但是这次考试小强壮成绩下滑了很多,他很沮丧,整个人一点精神也没有,仿佛他的天空失去了太阳一般。

爸爸没有就成绩发表太多的议论,只是说带他去郊游,散散心。在经过一片草丛的时候,小强壮发现了一个虫蛹。这个发现让他非常兴

奋，这个自小就在城市中长大的孩子难得有了一次和虫蛹亲密接触的机会。

小强壮很小心地将那个虫蛹放进了小塑料袋中，带回家，放在自己卧室的窗台上。一连两天，小强壮放学回家后做的第一件事情，就是跑到窗台边看那个虫蛹是不是有了变化，因为爸爸之前告诉过他，那是一个毛毛虫结成的蛹，最终它会破开蛹变成漂亮的蝴蝶的。

三天后，小强壮兴奋地跑来告诉爸爸，他发现虫蛹上出现了一个细小的裂缝，里面似乎有一个小东西在动。又过了两天，小强壮发现那个裂缝更大了，他开始仔细地观察，发现了期盼已久的小蝴蝶。那个小蝴蝶在蛹中不断地挣扎着，整整两个小时，它都在里面努力着，想要挣脱出来。但是小蝴蝶的身体像是被什么东西卡住了一样，看上去异常艰难和痛苦……

一旁的小强壮这个时候着急了，他不忍心看着小蝴蝶一直在里面挣扎个不停。于是他从抽屉里拿来了一把剪刀，很小心地沿着裂缝将蛹壳剪开，让小蝴蝶从里面钻出来。看着那只刚刚来到这个世界的小蝴蝶，小强壮松了口气，仿佛自己完成了一项使命。

但是不一会儿小强壮便发现了异常，那只小蝴蝶趴在窗台上一动也不动，死掉了。他很伤心，跑到爸爸的身边询问蝴蝶死去的缘由。爸爸告诉他蝴蝶的翅膀需要经过不断地挣扎才会变得强健起来，之前小强壮虽然出于好心帮助小蝴蝶提前从蛹中钻了出来，但是却使得蝴蝶的翅膀没有经历锤炼，过于娇弱，所以不久之后便死了。

爸爸说："蝴蝶在破茧而出的时候，必须要经过一番痛苦的挣扎，身体中的体液才会充分地流淌到翅膀上去，这样一来翅膀才会变得坚实有力，才会支撑蝴蝶自由地飞翔。同样的道理，一个人只有在成长的过程中经历各种挫折，他才会足够强大。成绩的下降不过是你成长过程中小小的挫折和磨砺，需要你自己去战胜它，只有这样，你将来才能坚强地面对生活和学习中的各种挑战。"听了爸爸的话，小强壮不再因为自己没有考好而沮丧，他从中懂得了这样的道理：成功的人生必将经历

挫折。

小强壮爸爸的做法值得借鉴。

不管男孩在生活和学习中遇到什么挫折，爸爸都要在他面前保持积极的态度，用真实的生活事例告诉他："风雨之后便是彩虹，挺过去就是成功，前面的道路会越来越宽阔！"当男孩迈过人生中一个又一个挫折之时，他也就实现了自己的人生价值。

总之，人生之路漫漫，有平坦也有险阻，有鲜花也有荆棘，不可能始终顺风顺水。一个人想要将命运掌握在自己的手中，就必须学会在磨难中变得坚强，懂得在挫折中奋起。穷养男孩，让男孩品尝"苦味"只是一个过程，最终的目的还是以艰苦来锤炼男孩的心智，让他们在挫折和失败中变得更加坚韧理性。

足球和小肯尼迪

心理学家马洛斯说："挫折未必总是坏的，关键在于对待挫折的态度。跌倒了，再爬起来，这样才能从挫折中汲取精神能量，让自身变得更加坚强。"

穷养男孩就要让男孩子习惯"吃苦"，要让他们在一次次的吃苦经历中明白：父母是不会帮助我的，我一定要自己战胜困难。这样，男孩才会渐渐学会坚韧和执着，才会在今后的生活和学习中变得越来越强大。

劲松上小学四年级的时候，有次放学回家后他垂头丧气地对爸爸说："今天我们和别的班级进行足球比赛，我做守门员，却被人家踢进去三个球，我们队的队员都埋怨我，以后我再也不踢足球了。"爸爸听了后将劲松拉到身边，微笑着说："儿子，遇到一点挫折，吃了一点

苦，你就退缩了？要坚强起来才行。爸爸给你讲个故事吧！你知道肯尼迪吧？"

劲松想了想，回答道："知道，他曾做过美国的总统。"爸爸点点头，然后给劲松讲起肯尼迪小时候的故事。

"一天，老肯尼迪赶着马车带着儿子出门玩耍，路上因为马车的速度很快，小肯尼迪在马车拐弯的时候被甩出去了。老肯尼迪立刻将马车停了下来，但是却没有下车，而是掏出了烟悠闲地吸了起来。小肯尼迪趴在路上，呼喊爸爸拉他起来，但是都被拒绝了，而且老肯尼迪很严肃地对他说：'自己站起来，上马车。'见爸爸没有帮助他的意思，小肯尼迪就忍着疼痛从地上爬了起来，然后自己爬上了马车。老肯尼迪问：'你知道刚刚我为什么没有下车扶你起来吗？'小肯尼迪摇了摇头。接着老肯尼迪便说：'男子汉吃点苦不算什么，跌倒了就要爬起来，然后往前奔跑，经历无数次这个过程，才会有所作为。'小肯尼迪点了点头，似乎有所感悟。在以后的日子里，小肯尼迪虽然经历了很多挫折，吃了很多苦头，却始终没有放弃自己的梦想，最终成了美国总统。"

讲完这个故事，爸爸问劲松道："儿子，你知道现在要怎么做了吧？"

"知道了，我要向小肯尼迪学习，继续练习足球，将足球踢好。"劲松握着小拳头，很坚定地说。

可见在男孩的成长过程中，吃苦是一项必修课，是父母穷养男孩的一个重要方式。让男孩子在挫折中学会坚强，在失败后再次"站起来"，着眼于更灿烂的未来，男孩才会更坚韧，更能适应周围环境的改变。

让男孩习惯吃苦，家长应该怎么做？

放弃大包大揽的念头。当男孩吃了苦头，陷于失败时，爸爸妈妈要敢于放手，让男孩子自己去体会、去总结，鼓励他们勇敢地站起来，再尝试一次。如此一来，遭遇痛苦虽然会让男孩暂时伤痛，但是在苦楚的

磨砺下，男孩才会变得越来越坚强。

放弃简单粗暴的批评。对孩子进行挫折教育，并不意味着要一味地批评孩子，适当地鼓励，正确地引导，让孩子认识到失败没有什么大不了的，重要的是可以从其中学会很多东西。

另外，爸爸妈妈还可以鼓励男孩立足自身去战胜困难。当男孩子凭借着自己的力量战胜了眼前的困难和挫折时，他就会更有勇气，对自己更有信心，对未来更期盼，之前害怕的心理会逐渐消失，抵抗挫折的能力也就慢慢形成了。

我们并不那么富有

穷养男孩的目的是塑造真正的男子汉。古人说，"天将降大任于斯人也，必先劳其筋骨，饿其体肤，苦其心志"，如此才能修身齐家治国平天下。男人这一生要蒙受的磨难、冷眼、屈辱、挫折不知有多少，如果从小不吃苦，很难磨炼出坚强的意志。尤其在物质上，不能过多给予男孩，否则男孩容易成为一个纨绔子弟。

虽然现在的家庭大都称不上贫困，但是也并没有大富大贵，也就是说，不可能无限制地满足男孩的物质要求，这样容易让男孩产生永不满足的心态。聪明的家长会让男孩明白"我们并不富裕，我们需要控制自己的物质欲望"，这样的吃苦教育，才能培养出艰苦朴素、吃苦耐劳的男子汉。

鑫鑫的父母都是公司中层领导，收入较高，在孩子身上的教育投资也很大。鑫鑫课外上了好几个辅导班，英语、书法、奥数、钢琴、武术……每月的辅导费用都很高，再加上平常的零食、玩具、书籍和各类场馆的门票，都是不小的开支。这些都给了鑫鑫一种错觉，他觉得父母很有钱，没有自己达不成的愿望。

班上一名同学家里非常富有，几乎是要什么给买什么，这天上学，竟然拿了一个最新的苹果智能手机。全班同学非常羡慕，都忍不住摸一摸看一看。学校规定学生不能带手机来学校，所以当天就被老师勒令第二天不许带来，不然没收。鑫鑫也看了看智能手机，也非常想要一部，他想："我家里也有钱，我爸爸妈妈一定会答应我的。"

当他向妈妈提出要求时，妈妈十分惊讶，觉得孩子竟然这么爱慕虚荣，买自己根本不能用的智能手机。妈妈反思了自己以前的做法，觉得可能自己误导了鑫鑫，决定与鑫鑫谈一谈。

吃完晚饭，妈妈来到鑫鑫房间问："你知道一部苹果手机多少钱吗？"鑫鑫说："不知道呀，不过咱家肯定买得起。"妈妈又问："你怎么知道咱们家能买得起？"这个问题有点难回答，鑫鑫一时无语。

妈妈说："你的钢琴老师每节课200元，一部苹果手机差不多够你上30节课，一周上一节的话，30周差不多是七个月。"鑫鑫张大嘴，他从不关心一节课多少钱，没想到一节课这么贵，更没想到一部苹果手机更是贵得离谱。

鑫鑫小心翼翼地说："那么咱们家没什么钱是吗？"妈妈说："咱们家的钱除了你的教育费用，还要维持家庭日常开支，水呀电呀都需要钱，还要拿出一部分给你姥姥和奶奶，还要存起来一些以备不时之需，万一我们生病了不至于找人借钱。咱们家不是没钱，只是没有你想象的那么富有。"鑫鑫第一次听妈妈讲这些，真的有些惊讶，他想了想，惭愧地低下头。

从此以后，鑫鑫好像长大了很多，学习更加努力，不再缠着爸爸妈妈买零食和玩具了。因为他意识到为了自己的发展，爸爸妈妈付出太多了，自己不应该再买那些"没用"的东西了。

穷养男孩，就应该让男孩在物质上吃一些苦，具体应该怎么做呢？

首先，家长可以尝试让男孩了解自己的工作。周末带孩子参观一下自己的工作场所，偶尔给孩子讲讲工作上的事情。男孩对父母的工作有

所了解，就会知道父母赚钱的不易，每一分钱都要用在刀刃上，从而懂得控制自己的物质欲望。

其次，不要在物质上对男孩有求必应。教育上的投资必不可少，但是零食、名牌服饰并不是必需的，零食对身体健康不利，穿名牌服饰会滋长攀比心理，都不利于男孩的成长。父母要身体力行，教导男孩养成良好的生活习惯，享受简单朴素的生活。

第二章
穷养男孩首先要改变自己

智慧爸爸巧引导

男孩天性活泼好动,调皮捣蛋是常有的事情,所以很多家长都希望自家男孩能够安静下来,经常用"老子"的身份向男孩进行"威慑"。这种方法虽然能够让男孩暂时安静下来,让男孩按照家长的话语去做某件事情、说某些话,却难免在他们内心中埋下一颗叛逆的种子——越是压制,越是叛逆。

所以,智慧的家长不会轻易亮出"老子"的身份去压制男孩,因为他们明白,穷养男孩并不是单方面的,想要改变男孩,家长首先要有穷养自己的觉悟。首先要放下所谓的权威,和孩子平等相待,用言行影响孩子。

周末的上午,浩天坐在电视机前看动画片,看到激动处,还会在沙发上手舞足蹈,模仿动画片中的"偶像"。快到中午的时候,爸爸问浩天:"老师布置的作业写了没?"谁知道浩天一双眼睛盯着电视机,很随意地回答道:"晚上再写。"作业一字不写,整天就知道看电视,这怎么行!爸爸心中的火气一下子燃了起来,伸出手想去扭浩天的耳朵,好好地教训他一顿。

但是爸爸竭力压制自己的怒气,因为他忽然想起一位同事的话——男孩要穷养,但是穷养孩子首先要穷养我们自己,作为家长,要学会放低身段和孩子做朋友,不能总是拿着"老子"的架子强迫孩子做事情。想到这里,爸爸平静了一下情绪,走到浩天身边,蹲在他的跟前,温和地问道:"儿子,你看什么电视呢,看得这么专注?"

浩天将头往右边歪了一下,眼睛依然盯着电视,敷衍爸爸道:"喜羊羊和灰太狼。"

"哦,爸爸也爱看喜羊羊呢!他很聪明,鬼点子多。"爸爸从旁边拉过来一个小凳子,坐在浩天身边,和他一起看起了动画片。

一听爸爸也和自己一样,喜欢喜羊羊,浩天的眼睛不再盯着电视机了,他好奇地看着爸爸,问道:"爸爸也喜欢喜羊羊?难道爸爸小时候也看这个动画片?"

"呵呵,"爸爸听到浩天的问题笑了起来,很温和地对浩天说,"儿子,爸爸小的时候还没有喜羊羊呢,那时候爸爸看的是葫芦娃。"

听爸爸这么说,浩天高兴地拍起手来,爸爸也喜欢看葫芦娃,这么说来,爸爸和自己的喜好还挺一致的。爸爸又接着说道:"但是爸爸看葫芦娃之前都是先把作业完成的!"听爸爸这么说,浩天好像懂得了什么,他站起来,对爸爸说:"我明白了,这就去做作业!"

爸爸高兴地摸了摸浩天的头,夸奖道:"你这个小机灵鬼,和喜羊羊一样聪明!做作业去吧,学好知识,将来才能创作出更多的喜羊羊。"

看到儿子一直在看电视,将作业视为儿戏,对自己的询问爱理不理,许多家长第一反应就是"你怎么这么不听话?整天就知道玩,真让人操心!"高高在上,一点面子也不给男孩留,孩子内心就会生出抵触情绪,甚至故意对着来,那么最终的教育效果也就差很多。

穷养男孩,爸爸妈妈必须要了解的一点是穷养不等于威压,朋友般的父母才是最好的。

父母应该放低身段,给予孩子平等的权利和尊重,走进孩子的内心,拉近彼此间的距离。

首先,父母在和孩子谈话的时候,最好蹲下身子来。这样就使孩子觉得以往高大的父母和自己"等高"了,和他们说话不再需要仰头了。

这样就会给孩子造成一种"爸爸妈妈变亲切了"的直观印象，这样一来，孩子就更容易接受父母提出来的意见。

其次，父母要注意自己的语速语调。此时，父母必须拿出自己的诚意，不再用一种高高在上的语气和孩子谈论，营造亲切自然的谈话氛围。孩子获得了尊重，才更愿意发表自己的见解，也更愿意接受父母的建议。

对打架的男孩放下"棍棒"

与女孩相比，男孩更具暴力倾向，他们习惯于用武力解决问题。家有男孩的家长很也习惯"以暴制暴"，认为穷养男孩就是"打一顿"。这些家长总是说："我家孩子皮得很，不打不老实！"在这些家长的眼中，对付男孩子顽皮淘气的最好武器就是巴掌，屁股上打几下，孩子就老实了，跟他们讲再多的道理也没用。

其实这种穷养男孩的观点是很错误的，穷养不等于"巴掌打屁股"，不等于"以暴制暴"。打孩子一顿，虽然表面上解决了问题，但实际上，却在男孩心理上留下阴影。个性强的男孩可能更加逆反，还会模仿家长的做法，变得更加暴力。因此，智慧的家长重视穷养男孩，却从不将"穷养"同"棍棒"画上等号，从来不会打骂男孩。

王希是一个特别淘气的男孩，平时调皮捣蛋不说，还经常同班里的小朋友打架。每次王希在学校同别的小朋友打架之后，爸爸妈妈就会被老师叫到学校去，听老师说王希的诸多"罪行"，王希爸妈觉得非常丢人。

有一天下午，爸爸再次被老师"请"到学校，王希又和别的小朋友打架了，而且这次还将周末刚给他买的新衣服弄成了"熊猫装"。爸爸看了一眼，原先压抑的火气一下子爆发了。

爸爸将王希带回家，让他站在客厅的沙发前，自己随手拿起了茶几上的一本杂志，就想往王希的屁股上打。但是看到王希倔强的样子，爸爸扬起的手臂却没有落下。爸爸突然意识到王希这么爱打架，打一次虽然能让王希记住一段时间，却不能从根本上解决问题。

于是爸爸便将手中的杂志放下，将王希拉到身边，温柔地问王希："乖儿子，怎么又和别人打架了？"

以前王希往往在爸爸的"高压"下承认错误，但是在内心深处，看到爸爸生气，王希反而觉得很高兴。这次王希认为爸爸还是故伎重演，没想到爸爸却没有动手。听爸爸这么问，王希觉得爸爸变了。

"是不是别的小朋友欺负你了？"见王希不说话，爸爸试探性地问道。王希摇头，否认了爸爸的猜测。

"那为什么和小朋友打架呢，可不可以告诉爸爸？"王希这次没有抵触，他看着爸爸小声地说道："电影里面的英雄都是这么解决问题的，能动手绝不说话，我觉得这样特像个男子汉。"

听王希这么说，爸爸觉得哭笑不得，难怪小家伙这么爱打架呢，原来是电影看多了，想当英雄呢。"当英雄，成为一个真正的男子汉，这个想法很好，但是用打架的方式来证明却是不对的。你可以通过其他途径和方法来变成一个英雄，成为一个真正的男子汉，比如帮助别的小朋友实现学习目标，拾金不昧，搀扶老奶奶过马路，这也能让你成为别人心目中的小英雄，小男子汉。"

王希点了点头，他觉得爸爸今天格外亲切，所以很认真地听完爸爸的话，认识到打架是不对的，想要做一个男子汉，还有很多方法，而打架却不是一个好方法。明白了这个道理，王希很"坚定"地向爸爸保证："我以后会多帮助别人，再也不打架了！"

王希的爸爸一改原来"以暴制暴"的做法，耐心温柔地开导孩子，反而收到了比打更好的效果，顺利地走进了王希的内心，让他说出了自己的想法。如此一来爸爸才真正了解了孩子的想法，找到打架的根源，

引导王希正确认识"英雄"和"男子汉"。

　　心理学上有一个"逆反心理"的概念，即人为了维护自尊，对别人强硬的要求采取相反的态度和言行的一种心理状态。这个概念同样适用于孩子，如果家长在教育孩子的过程中，方法不当抑或态度不好，孩子很容易产生逆反心理。

　　因此，穷养绝不等同于"棍棒"教育。家长打骂孩子的时候，孩子内心生出一种反抗心理，他们可能故意做家长不让做的事情，家长越是生气，他们反而越高兴。而且随着打骂次数的增多，男孩子会在心理上产生一种适应现象，也就是常说的"打皮了"，如此一来对孩子的教育就会变得更加困难了。

　　另外，家长打孩子，还容易让孩子只关注家长的暴怒情绪，从而忽视自己的错误行为，因为很多家长在打孩子的时候情绪激动，很少会向孩子讲他们到底错在了什么地方。

　　最后，打孩子还容易让孩子受到心理上的伤害。很多时候，家长动不动打孩子，会伤害孩子的自尊心，造成亲子关系的疏远，孩子继而变得胆小怕事，缺乏自信，这样对孩子今后的人生发展是十分不利的。

向爸爸妈妈学习"吃苦"

　　很多年轻的父母都认可"穷养男孩"的教育理念，认为一个男孩只有经历一些风雨，才会变得更加坚强。但是这些家长在教育男孩时却陷入了一种"重言传轻身教"的误区，将"穷养"狭隘地理解为"男孩的穷养"，将自己摆在了一个指导者的高度。这些父母在教育自家男孩时通常大道理滔滔不绝，却忽视了榜样的力量，要求孩子做到的自己反而没有做到。

　　智慧的家长懂得"先穷养自身，再穷养男孩"的教育真理，他们在要求家中男孩子做到某事之前，自己总是会先孩子一步做到，不知不

觉间就为男孩子树立一个榜样,起到一个"镜子"的作用,从而引导男孩正确地认识自己和社会。

宇晨上小学三年级,学习成绩很不错,每次考试都能进入班级前十名,但是他对自己的爸妈却非常不尊敬。宇晨总是习惯对爸爸妈妈呼来唤去,每次放学回家,妈妈开门晚一会儿,他就闹情绪,用脚狠狠地踢门,"砰砰砰"的声音让妈妈很烦恼。

见宇晨这么不懂事,妈妈很伤心。很多次,妈妈对宇晨说:"宇晨,把桌子上的水果拿来给妈妈吃!"但是宇晨对妈妈的话无动于衷。更让妈妈伤心的是,宇晨有什么好吃的,从来不知道和父母分享,自己吃自己的。还有一次,妈妈重感冒,浑身没力气,躺在床上不想动。宇晨放学回家后也不知道安慰一下妈妈,当妈妈叫宇晨倒水时,他竟然坐在电视前一动不动,让妈妈的心一下子凉了半截。

妈妈和爸爸说起这些事情的时候很伤心,她觉得自己白生了个儿子,一点也不知道心疼自己。爸爸在一旁安慰妈妈,给她出主意道:"孩子还小,假如咱们自己能做好的话,为孩子树立榜样,孩子耳濡目染,自然也就改变了!"

听爸爸这么一说,妈妈一下子想起了自己平时对待宇晨爷爷奶奶的态度,尽管生活在一个屋檐下,但是端茶端水的事情很少做,平时没怎么关心他们。想到这里,妈妈很羞愧,一下子找到了问题的关键,一直以来都想要让宇晨孝顺自己,但是自己却没有给儿子树立一个榜样,自己都做不好,怎么去要求孩子做好呢?

想通了这一点,妈妈下班之后变得勤快起来,时不时地给爷爷的茶杯倒水,去厨房帮奶奶做饭,买回来的水果捡最大最好的给爷爷奶奶,吃饭的时候也热情地为爷爷奶奶盛饭……妈妈的转变不仅让爷爷奶奶高兴,而且宇晨也看在眼里,有样学样,最初跟着妈妈端茶倒水,后来也将爸爸妈妈当成了服务对象,懂得孝敬爸爸妈妈了。时间久了,宇晨也就慢慢养成了习惯,有什么好吃好玩的东西都会同爸爸妈妈分享。

宇晨身上的这些变化,妈妈看在眼中,喜在心里,意识到穷养男孩子首先要学会穷养自己,做好榜样。

心理学家研究发现,儿童对权威的崇拜比成人强烈很多。在孩子心中,一个有权威的人,他所说的话和所做的事情都是那么有"魅力"。所以说,家长要争取做孩子眼中的"权威",要求孩子做的事自己要首先做到、做好。也就是说,教育孩子,要特别注意权威效应的运用。

首先,家长应该注意自己的言行举止,严格要求自己。有的家长说一套做一套,要求孩子守规矩,但自己根本做不到,比如带着孩子出门坐公交的时候,不排队,乱哄哄地往上挤,甚至和别人发生冲突,推推搡搡动起手来。这样的父母在男孩心中肯定没有权威,因为在他们的心中,爸爸妈妈已经不是最好的了。

其次,假如在孩子的身上发现了什么缺点,那么不妨先在自己的身上找一找,看看自己是否也存在这种缺点。父母是男孩接触最多的人,也是孩子的第一任老师,当发现自己的孩子身上有各种问题时,应该反思一下自己,找到了症结所在,接下来采取相对应的措施,那么问题自然也就迎刃而解了。

总之,家长的行为无时无刻不在影响着孩子的行为,家长的行为举止不管是对还是错,都可能被男孩模仿。因此,穷养男孩先要穷养自己,平时为孩子树立好的榜样,才能真正把"穷养"落在实处。

儿子太胆小,妈妈慧眼掘其因

在对男孩子进行教育时,一些家长想当然地将"穷养"和"恐吓"挂起钩来,在男孩淘气不听话的时候,会说"再调皮捣蛋,爸爸就把你关到小黑屋中""不许哭,再哭老虎就来了"之类的话,以此威胁孩子。当这些话不管用时,有些家长甚至会用狐狸精、妖怪、魔鬼等惊悚

的形象来恐吓孩子，关上电灯，发出各种各样的鬼怪声音，营造一种阴森恐怖的环境，让孩子安静下来。

虽然威胁和恐吓对制止孩子一时的哭闹会有作用，但是我们需要清醒地认识到，它的副作用是非常大的，可能会给孩子带来长久的心灵伤痛，所以智慧的家长从来不会威胁和恐吓孩子。

五岁的轩轩是个小捣蛋鬼，但是胆子却很小，尤其怕打雷。每次碰到雷电交加的夜晚，他就像变了一个人，粘在妈妈怀里，动也不敢动，哪都不敢去了。

爸爸遇到轩轩调皮不听话的时候，有时候会故意吓唬他："不听话雷公就打雷了，哐哐哐……"这个时候轩轩就会身子一抖，安静下来，再也不捣蛋了。爸爸自以为找到了"降服"轩轩的"紧箍咒"，在轩轩不听话的时候念一念，他就老实下来。但是妈妈却坚决反对爸爸的这种教育方法，她觉得这样会让轩轩变得越来越胆小，对轩轩将来的发展有很大的伤害。

为了改掉轩轩胆小的毛病，妈妈经常和轩轩说："儿子，你是一个男子汉，是男子汉就什么都不要怕，连打雷都害怕，那么你就不是一个合格的男子汉了！"每次听到妈妈这么说，轩轩都为了证明自己是男子汉，竭力装出不怕打雷的样子，妈妈知道这只是一个治标不治本的办法。

又是一个雷雨的傍晚，妈妈在厨房里忙得不可开交，她发现酱油快用完了，就对旁边的轩轩说："轩轩！去楼下帮妈妈买瓶酱油，妈妈等着用！"而轩轩一个劲儿地往后缩："不去，我不去！""为什么呀？"妈妈奇怪地问。"我害怕，我不去！"轩轩委屈地说。妈妈看着轩轩的样子有些心软了，但是转念一想，一定要让他克服这个障碍，于是就说："轩轩，你如果去帮妈妈买酱油，妈妈就让你看看烟花！"她知道轩轩是最爱看烟花的。经过简单地思考，轩轩还是经受不住烟花的诱惑，在那个雷雨的傍晚第一次单独出了家门。

回来的时候,轩轩问妈妈:"烟花在哪儿?"妈妈笑了笑把轩轩带到窗边,推开窗子,指着闪电对他说:"看!多美丽的烟花!"轩轩也兴奋地说:"妈妈!在这里看不是最美的,我刚才在外面看更漂亮呢!"妈妈摸着轩轩的头说:"那你敢不敢再和我出去看看?"轩轩很爽快地答应了,从此,轩轩慢慢适应了打雷。

轩轩爸爸采用恐吓的方法,虽然可以让轩轩暂时安静了下来,但是却吓住了孩子,最终的结果只能让轩轩变得更加胆小和懦弱,对孩子的成长是极为不利的。而轩轩妈妈采用的鼓励引导方法就非常高明,在生活中鼓励儿子,让轩轩逐渐摆脱了对打雷的恐惧,在其他方面也勇敢起来。

心理学上有一种皮格马利翁效应,即热切的期望可以使被期望人达到期望人所希望达到的高度。一个人,一旦感受到别人热切的期望,自尊心、自信心以及虚荣心就会被极大地激发。在这样的状态下,他便会全力以赴。

皮格马利翁效应可以用于孩子的家庭教育。比如家长想让孩子拥有某个方面的能力,那么就应该首先认为孩子已经拥有了这种能力,不断地夸奖他。比如:"爸爸觉得你很棒,天这么黑都敢下楼买东西!""妈妈看你演讲口才很好,一定能在学校的演讲比赛上得第一名!""别人都说小孩子不敢一个人在家,爸爸觉得宝贝就敢呢!"当孩子感受到这些期望的时候,就会慢慢变得胆大起来。

因此,对男孩,要多点期望和鼓励,时不时地去鼓励他们做一些事情,这样孩子才会从中感受到自己的不凡,渐渐勇敢起来。另外,对孩子恐惧的事情,家长找出根源,帮孩子战胜恐惧。比如当孩子害怕某种昆虫时,家长可以带着孩子认识昆虫,指出这些昆虫对人并没有什么威胁,同时指明虫子的种类、名字以及习性等。这样不仅能消除孩子对昆虫的恐惧,更能给孩子上一堂生动的"生物课"。当然,如果家长也不认识这种昆虫,可以回家和孩子一起做个"昆虫家底大调查",这样不

仅增长知识,自然也会消除心中的恐惧感,让孩子变得胆大起来。

有奖回答问题

对父母而言,穷养男孩需要对其进行必要的约束,正如一棵树苗想要成长为参天大树,就必须要进行适当修剪。但是这种约束绝对不是简单粗暴地控制男孩的行为,爸爸妈妈要多动脑子,给孩子一种安静、稳定、细致和从容的"爱",顺应男孩子的天性。

在顺应天性的基础上巧妙地约束,才是对男孩子最好的穷养。当然这里所说的顺应不是完全地撒手不管,而是巧妙地引导和约束,不将自身的意志强硬地塞给男孩,强迫他们做自己不喜欢的事情。

晓阳今年八岁,平时特别地淘气,为此妈妈特别头痛,总是想找一个方法让他安静下来。周末,晓阳和妈妈在家,他又开始淘气起来,一会儿把电视打开,把遥控器当"手枪"使唤,冲着电视机瞄准,嘴里不停地发出"嘟嘟嘟"的发射声。一会儿又爬上沙发,然后学着电视里某个英雄人物从沙发上"呼"地跳下来……不一会儿,妈妈刚刚整理好的房子又被晓阳弄乱了。

妈妈觉得调皮捣蛋是男孩子的天性,强硬地约束反而对孩子的成长有害。仔细分析一下,妈妈觉得晓阳动的时候多,静下来思考的时候却很少,应该顺应着他好动好奇的天性,循序渐进地培养晓阳思考问题的能力,只要多思考,淘气的时候也就少了。

于是妈妈想出了一个办法,不生硬,又能让儿子安静下来。妈妈把正在客厅里疯跑的晓阳叫到身边来,从口袋里掏出十元钱,对他说:"儿子,妈妈考考你,只要你能回答出来妈妈的问题,妈妈就把这十元钱给你。"晓阳看着妈妈手中的钱,高兴地问:"真的吗,妈妈?"见儿子很感兴趣,妈妈肯定地说:"当然了,妈妈说话可是一向算数的。妈妈的问题就是，此时妈妈心里在想什么？只有一次回答机会哦。"妈妈心想，这下儿子一定会安静一段时间了。

果然，在接下来的半天，之前淘气的晓阳不见了，取而代之的是一个安静思考的孩子。到了晚上，晓阳面带得意地说："妈妈，我知道你心里想什么了。"妈妈听了很惊讶，因为出这个问题是为了培养他的思维能力，其实根本就没有什么正确的答案，心里想的是什么，只有自己知道。

于是妈妈放下手中的活，弯下腰问晓阳："儿子快告诉妈妈，我在想什么啊？"晓阳说："你根本就不想把那十元钱给我。"妈妈一怔，晓阳的推理是正确的，那十元钱只不过是一个道具，让他安静下来，当时还真的不想把钱给他。妈妈无奈的同时又很高兴，虽然孩子的这个回答有点"剑走偏锋"，但是她发现孩子在思考的时候创新了，走了个捷径，把自己的心思看"透"了。想到这儿，妈妈很痛快地掏出10元钱交给了晓阳。

在尊重天性的基础上，运用巧妙的方法达到教育目的，比强硬粗暴地要求孩子的效果要好很多。要知道孩子的天性是他们人生发展的基础，假如强行压制，可能会将孩子的兴趣一起给扼杀掉。但是，做到这一点并不容易。因为现代家庭大都只有一个孩子，父母出于各方面的考虑，对男孩进行过多的干涉，甚至是动用家长的绝对权威，对孩子将来的发展是非常不利的。

智慧的父母应该这么做：

端正教育态度，巧妙约束男孩。爸爸妈妈在和孩子沟通的过程中，应端正自己的教育态度，尊重孩子的天性，避免强硬要求孩子去做一些他们不喜欢的事情。

多用心思，巧妙引导。想要教育好男孩，父母应该多用一些心思，借鉴更多的方法，避免简单粗暴。比如用书籍、小任务、小故事巧妙引导孩子，会产生事半功倍的效果。

独自一人去买书

现代社会发展极快,人要面对的诱惑会更多,家长也对男孩的成长"忧心忡忡",怕这个怕那个,成了家庭的"监工"。其实,父母没有必要像监工一样,时刻监督家中的男孩。父母需要明白的一个道理是:监督孩子只能一时,让孩子学会自我监督才是长久之计。

智慧的家长在和男孩子相处时,需要做的就是放松自己,不要将全部的注意力都集中在孩子身上,更不要在孩子做事情的时候横加指责。

翔翔这几天一直在跟妈妈赌气,跟妈妈说话的时候总是气呼呼的,妈妈问什么话也故意不回答,这让妈妈非常郁闷。

翔翔之所以这样对妈妈,是因为妈妈当起了监工,让他觉得很不舒服。上个周末翔翔想要去书店买一本喜欢的漫画书,但是妈妈却担心翔翔一个人去不安全。其实书店距离翔翔家也不算太远,步行20分钟就能到达,要是乘坐公交车的话,几分钟就到了。

妈妈觉得翔翔以前没有单独去过,所以有些不放心,不是担心翔翔迷路了,就是担心被车撞到。

"妈妈,我都是个大小伙子了,自己去买本书,你还不允许。"翔翔小声地抗议道。他觉得妈妈就是自己生活中的监工,不管自己要去做什么,她总是有各种理由挑剔或者否定。虽然他一再央求妈妈,但是妈妈就是不松口,说什么也不允许他自己去,只答应翔翔,等她有时间了,带他去买。

翔翔大哭起来。他觉得自己被妈妈关进了"监狱",连家里的"嘟嘟"都比自己自由快乐。嘟嘟是家里养的一只松狮,每天都出去玩耍。

爸爸听到翔翔的哭声,走了过来,翔翔像看到了救星一样,向爸爸控诉妈妈的"坏"。爸爸听完之后,对妈妈说道:"咱们家的男孩子已

经是一个小男子汉了，我们没必要当孩子的监工，整天盯着孩子，告诉他这样做不好，那样做不对。想一想，假如整天监督孩子，告诉孩子怎么做，那么他什么时候才能真正长大呢？"

听了爸爸的一席话，妈妈想了想觉得有道理，总是担心这个，指点那个，男孩子什么时候才能成为真正的男子汉呢？想通了这点，妈妈就答应了翔翔的请求，他可以自己去买漫画书，但是必须乘坐公交车去，妈妈觉得这样的方法既能锻炼翔翔，又不必担心他的安全问题。翔翔高高兴兴地去了，平平安安地回来了。

有些父母习惯将自己置于孩子"监工"的角色上，动辄就否定孩子的意见，或者对孩子的语言和行为指指点点，将孩子置于一种弱小、没有地位的境况之中。这样的教育环境会让家中的男孩觉得自己缺少爱和尊重，导致他们渐渐在生活和学习中失去自信，变得叛逆起来。

父母要知道，家中的小男孩只有在经历了一次次的尝试之后才能积累做事的经验，感受到成功的喜悦。当他在独自做事情的时候，父母要多些鼓励，少些责备，给男孩一种精神上的激励，给了他一个成长的机会。即使孩子尝试失败了，父母也不要轻易地埋怨，要宽慰孩子，鼓励他重新站起来，从头开始，在战胜失败的过程中不断地成长起来。这样，孩子感受到尊重与爱，觉得自己获得了真正的自由，最终能够独立地面对需要自己面对的事情。

假如父母什么都放不下，总是希望男孩在自己的视线之内活动，总是希望自己的意见能够替代孩子做出决定，那么就等于扼杀了孩子成长的空间，压抑了他们做事情的欲望，长此以往，势必会对孩子的健康成长造成一定的负面影响。只有在家长和孩子之间营造一种平等和谐的关系，不要让彼此之间变成监督和被监督关系，才能相互尊重、相互信任，男孩才会敞开心扉，展示出一个真正的自我。

开水倒进鱼缸之后

犯错误是上帝给予男孩的特权，父母是没有权利剥夺的。有些家长总是想当然地认为，不犯错的男孩子才是最优秀的，是最聪慧的，所以每当孩子犯错误的时候，不是训斥责骂就是亲自代劳。其实，男孩的人生之路还要靠自己，家长应该给孩子犯错误的机会，让孩子在犯错误的过程中吸取教训，更快地成长起来。

童彦今年八岁，调皮得很。有一天，妈妈下班回家，童彦奶奶就生气地向她"告状"：童彦把一壶刚刚烧开的水全倒进鱼缸里了，里面六条漂亮的小金鱼全都死了。妈妈听了之后非常生气，也很心疼，那六条小金鱼是童彦爸爸送给她的生日礼物，她可非常喜欢呢，每天下班回来都要看一看。

奶奶告完状后就离开了，知道闯了祸的童彦藏在沙发后面不敢出来。妈妈刚想发作，突然想起先前的一件事情：一个月前妈妈给童彦买了一只小白兔，结果养了几天就死掉了，为此童彦还大哭了一场呢。

想到这儿，妈妈觉得童彦这样做一定是有原因的，虽然事情最终做错了，但是哪个孩子不犯错呢，知道为什么犯错，这样他才能从中汲取教训，更快地成长。这样一想，妈妈尽量让自己的语气变得温和，问童彦道："妈妈知道童彦一直都是很有爱心的孩子，这次你为什么要将热水倒进鱼缸里呢？"

童彦有些胆怯，小声地对妈妈说："今天外面刮起了大风，天气很冷，我怕小金鱼在水里感冒了，所以就把热水倒进去了。"说到这儿，童彦哭了起来，问妈妈道："妈妈，我不是故意的，要是知道金鱼会死，我绝对不会往鱼缸里倒热水的。"

听童彦这么说，妈妈觉得自己一开始错怪儿子了。于是她将前些日

子给童彦买的《动物大百科全书》找了出来，找到了介绍金鱼的图片和文字，告诉童彦金鱼生活的水温必须要保持在一定的温度，不然就会死去。妈妈接着告诉童彦，这次犯错误没关系，重要的是在这次错误中认识到自己为什么做错了，然后在今后的生活中不犯类似的错误。童彦听了之后使劲地点了点头，表示自己听懂了。

男孩子犯错一般可以分为两种，一种是原则性的错误，爸爸妈妈必须要立即纠正，比如辱骂长辈、触摸家里的电源插头、乱扔垃圾、打人等；另一种错误则是孩子自己能够纠正的，他们能够在错误中不断地总结经验教训，从而很快地从中学会此后应该怎么面对类似的情况，继而避免再犯类似的错误。

从孩子的心理上看，特别是男孩子，普遍存在着强烈的冒险意识，他们渴望尝试自己不了解的事情。也正是有了这种冒险心理，男孩才能在不断的探索中收获成长的经验和快乐。当然在这个过程中，犯错误也是不可避免的，但是家长绝对不能因为害怕男孩子犯错误就扼杀他们的冒险心理。因为一旦男孩失去了冒险心理，就意味着失去了创新意识和发展的欲望。

因此，不管是在生活中，还是在学习中，家长都要给男孩子犯错的机会和权利，因为只有敢于冒险、敢于探索拼搏的男孩，即使在前进的道路上犯了错误，也能收获更多。错误会让男孩子学会总结，学会反思，学会摔倒了再爬起来。假如因为怕孩子犯错误，什么事情都不让他们去做，孩子就如同温室中生长的花朵，很难抵御风雨。

具体来说，家长可以在家中创造让男孩自己动手的机会，比如自己收拾自己的房间。也许男孩会以自己做不好为借口，不想自己动手，这个时候家长可以鼓励他们："没关系，你自己收拾成什么样子爸爸妈妈都喜欢。"这样一来男孩子就会将害怕犯错误的心理抛开，在做事情的过程中找到属于自己的乐趣。在这个过程中，犯错误则成了一种成长的基石，不犯错的孩子是不可能快速成长的。

爸爸妈妈的统一战线

在家庭教育中，常常出现这样的情形：比如这边爸爸正在义正词严、十分严厉地教育男孩，那边妈妈看着心疼，于是"出手相救"，从言语上为孩子的错误辩解，以求减轻孩子"罪行"；或者是妈妈正在教导男孩，那边爸爸看着"不是那回事儿"，当着孩子的面"纠正"妈妈的观点。

聪明的男孩就会"钻父母的空子"。再说了，不同的意见就像从两个方向拉孩子的手，会让孩子无所适从。而孩子最终的表现就是只听爸爸或妈妈其中一个人的话，钻爸爸妈妈之间的"管理空当"，一有机会就自我放松。

其实，穷养男孩，父母首先要做到意见一致。因为教育男孩毕竟是爸爸和妈妈两个人的事，只有两个人都能在孩子面前树立权威，才能"分工合作"，共同做好孩子的教育引导。仅仅靠爸爸或者妈妈的影响教育，会让其中一方感觉"太累"，而且不利于家庭教育的全面性，会使孩子在人格发展方面出现偏差。

一个周末，爸爸妈妈带十岁的小凡逛街。小凡走到玩具店门口，迟迟不动了，因为他看到了一个漂亮的变形金刚。小凡拉着妈妈，哀求道："妈妈，给我买个变形金刚吧。"小凡玩具很多，平时爸爸妈妈也不怎么限制他买玩具，只是这次不能买。

原来小凡期中考试考得很不好，在家长会上，老师对小凡妈妈说小凡上课不认真听讲，东张西望，作业错误率也很高。妈妈听了很生气，回来训斥了小凡一番，然后与小凡约定，这段时间专心学习，把落下的功课补上，争取期末考个好成绩。而这段时间不再买一件玩具，如果期末考试有进步，会满足小凡一个愿望。

小凡这么快就把约定忘记了？妈妈提醒他："你可别忘了，我们有言在先，现在还不到期末的时候，今天带你出来是买书的！"小凡开始耍赖："我不管，我就要！"妈妈严厉地说："这是原则的问题，今天绝对不会给你买变形金刚，你耍赖也没用！"妈妈说着就甩开小凡的手往前走。

小凡噘着嘴站着不动，爸爸拉着他赶紧跟上妈妈。

事情过去大概一周时间，妈妈收拾小凡房间的时候，突然发现一个新的变形金刚。不用说，一定是爸爸当烂好人了，为小凡买了变形金刚。

妈妈就把变形金刚拿到客厅，坐在沙发上等爸爸下班。爸爸一回家就看到妈妈黑着脸，又看到变形金刚，一下子明白了怎么回事，理亏地说："孩子一直缠着要，没办法，我就给他买了一个。就这一次，下次不会了。"妈妈说："小凡是个男孩，男孩最重要的是讲原则守信用。我这样教育他，然后你背后拆我的台，不仅让我的威望大打折扣，还会让他认为在妈妈那得不到的要求，在爸爸那一定能得到。"爸爸不好意思地说："我没有想这么多。那现在怎么办？"妈妈叹气说："你说服他，带着他把变形金刚退回去吧，让他明白这个问题我们不会妥协。"爸爸点头同意了。

后来，爸爸果然带着小凡把玩具退了。小凡一开始很抗拒，但是看到爸爸妈妈形成统一战线，胳膊肯定扭不过大腿，就无奈地答应了。通过这件事，小凡明白了爸爸妈妈的原则性，再也不敢提无理的要求了。

父母教育男孩的时候，一定要统一行动，不能相互拆台。在男孩的成长过程中，不能爸爸说一套，妈妈却做另一套，只有爸爸妈妈劲往一处使，形成合力，才能达到最佳的教育效果。总之就是在孩子面前，爸爸（或者妈妈）一定要做出"不听妈妈（或者爸爸）的话就是不听我的话"！家长们一定要明白：为对方树立权威其实就是给自己"减压"。

那么，家长如何才能在教育男孩过程中"行动统一，步调一致"

呢？其实方法很简单，首先，爸爸和妈妈之间要就家庭教育方面的话题做到经常性的沟通，这样，即使有不同观点，可以通过沟通达到统一。即使意见不一致，也不在孩子面前争执。如果两人之间平时根本就不谈孩子的事儿，只有在孩子面前进行教育，那火爆分歧场面就可想而知。

另外，一方在教育孩子时，另一方有不同观点，可以补充性地委婉提出，不能全盘否定对方。不然会让另一方在孩子面前下不了台，说不定还会引发家庭战争。

最重要的一点，穷养男孩，家长两人都要共同学习正确的家庭教育方法，接受新的教育理念。只有这样的共同学习，才能使两人在思想和观念上达到"同而不同"的境界，在男孩面前保持高度的统一性。

第三章
不吼不叫,穷养需这样和男孩沟通

冷静对待"闯红灯"

现实生活中,面对父母的要求,很多男孩都会表现出一种逆反心理,比如爸爸妈妈要求他写作业,他非要看电视;要求他洗手之后再吃饭,他非要吃完饭再洗手,等等。作为家长,假如在生活中总是和家中的男孩子"针尖对麦芒",那么必将导致亲子间关系的恶化。

浩辉小时候是一个很听话的男孩,但是自从浩辉上了小学之后,一下就调皮起来。最让妈妈头疼的是,浩辉的反抗行为增加了,再也不像以前那样,爸爸妈妈说什么他就做什么了。

有一次,妈妈带着浩辉去超市买东西。走到一个十字路口的时候,妈妈提醒浩辉道:"儿子,慢点走,前面红灯,等一会儿变成绿灯了,咱们再过去。"让妈妈没想到的是,听了妈妈的话,浩辉不仅没停下来,反而使劲晃悠着妈妈的手,想要挣脱出来,立即穿过马路。

见浩辉竟然将自己说的话当成了耳旁风,而且还是关乎安全的叮嘱,妈妈心中的怒气就升腾起来,真想在浩辉的屁股上狠狠地打一下。但是最终妈妈还是忍住了,根据以往的经验,打他往往会激起更大的反叛情绪,让问题变得更加难以解决。

这样想着,妈妈在使劲攥着浩辉手的同时蹲下身子,让自己的脸上绽放出笑容,轻柔地问道:"儿子,怎么不听妈妈的话,想要闯红灯呢?你知道吗,要是被汽车撞到了,你会受伤的,而且不能上学了,再也不能和同学一起玩耍了。"

"没事,你看现在路上的车不多,没有什么危险的,咱们一口气跑过去就成!"妈妈刚说完,浩辉竟然说出了这样的话。妈妈努力让自己平静下来,微笑着对儿子说道:"儿子,不管车多不多,总是要等绿灯亮了才能过去的,因为这关乎安全,否则真的出事了就会悔恨一辈子的。"妈妈平静温和的声音中夹杂着些许的沉重,让刚刚还在"反抗"的浩辉安静了下来。

他想了想,对妈妈说:"妈妈,我不应该闯红灯的,以后再也不这么做了。"妈妈听了之后很高兴,伸出小指头对浩辉说:"一言为定啊,咱们拉钩!"浩辉高兴地伸出小手。

男孩有叛逆、调皮、捣蛋的天性,他们的这些行为早在一岁半的时候就已经表现了出来了,只不过因为个体差异,表现出来的程度不同罢了。因此,爸爸妈妈在和男孩子相处的过程中,要将男孩的反叛期当作其成长过程中必经阶段,平静对待,不要大惊小怪。

当浩辉偏不听话时,妈妈就是用柔和的态度和语言化解了浩辉的叛逆心理。假如妈妈在浩辉不听话的时候强硬地训斥,就可能使得他硬要反着来,做出危险的事情。

那些为了家中叛逆男孩而苦恼的家长,不妨改变一下自己和男孩沟通时的态度,让自己的语言和行为都变得柔和起来,向孩子展示一种慈父慈母的形象。这种柔和的处理方法能够让孩子获得思考的时间,等到孩子冷静下来之后,再和他们交谈沟通,这样会让孩子更容易接受。当然,家长必须要坚持一个前提,那就是不管家中的男孩多么顽皮反叛,也不要动气,要控制好自己的情绪。

另外,面对孩子的反叛,可以采取"冷处理"或者"不处理"的方法。很多家长在面对孩子顶撞的时候,总是习惯地进行强硬回击,虽然当时能够将孩子的情绪强硬地压制下去,但是最终的结果是压制了一时,压制不住一世,往往会让孩子变得更加叛逆。

面对儿子的错误最好敞开心扉

很多家长都希望自己能够走进男孩的心理世界,但是却不知道这个过程是双向的,不仅意味着男孩要打开心扉,也意味着家长同样要敢于向孩子敞开心扉。因为只有这样,家长和孩子之间才能坦诚地表达真实的想法和感受,才能构建良好的亲子关系。

小跳今年十岁,活泼好动,调皮捣蛋。为此父母经常告诫他要稳重,但是效果一直不是太好,不管怎么大声训斥,小跳还是我行我素,让父母伤透了脑筋。

周五下午,对门邻居敲开了小跳家的门,对小跳妈妈说,小跳昨天中午去他们家玩,走的时候把她家孩子的变形金刚偷偷地拿走了。妈妈很生气,小跳这才多大啊,就学会拿别人家的东西,要是不教育,长大还了得。送走了邻居,妈妈原本想等小跳回来后狠狠地训他一顿,但是想到这种方法效果一直不佳,妈妈决定换一种教育方法,让小跳自己意识到错误。

等到小跳放学回家,妈妈先坐在沙发上和他随便聊了下学校发生的事情,然后妈妈才说道:"儿子,妈妈这几天突然想起小时候的一件事情来,你想不想听?"

一听妈妈要说她小时候的事情,小跳立刻就来了精神,问妈妈:"是不是你小时候做了什么错事?"妈妈笑了笑,没有直接回答儿子的问题,而是讲起了自己小时候经历的那件事情。

"那时候妈妈也和你这般大,有一次班里的一个同学买了一个非常漂亮的自动铅笔盒,很多同学都非常喜欢。妈妈很羡慕,于是便趁那个同学不注意,偷偷将她的铅笔盒拿回家去了。妈妈心里非常紧张,想要拿出来用,但是又害怕被你姥姥看到。"

听妈妈说到这儿,小跳赶紧追问道:"后来呢,后来到底发现了

没有？"

妈妈笑着说道："后来啊，你姥姥发现我那段时间不太正常，于是就追问我，我把拿同学铅笔盒的事情跟你姥姥说了。""姥姥打你了没有？"小跳连忙问道。

"姥姥怎么可能会打妈妈呢？姥姥只说了一句话：'做错了事情，能够改正过来，还是一个好孩子！'听了姥姥的话，妈妈觉得好惭愧，于是便在心里暗暗发誓，以后再也不偷拿别人的东西了，即使那东西自己再喜欢。"妈妈说到这儿，眼中流下了泪水。

听妈妈讲完了自己小时候的故事，见妈妈竟然流下眼泪，小跳就低下了头，小声地对妈妈说："妈妈，其实我昨天也犯了一个错误。我去对门家玩的时候，偷偷将他们家的变形金刚拿走了。"妈妈心里暗暗高兴，看来自己的新方法奏效了。

妈妈说："知道自己错了，改正过来还是好孩子。"听了妈妈的话，小跳立即站了起来，对妈妈说："我这就把变形金刚给对门家的阿姨送回去，以后我再也不偷拿别人家的东西了。"听到这样的话，妈妈开心地笑了起来。

现实生活中，很多父母总是习惯将自己放置在一种高高在上的位置，不愿意向孩子敞开心扉，让孩子走进自己的内心世界。但是这些家长却要求孩子要毫无保留地向他们倾诉一切，这样的想法是非常不切实际的，对孩子来说也是不公平的。因为片面地要求孩子，自己却不懂得敞开心灵，往往会造成亲子间关系的疏远。也就是说，作为父母，当我们放下大人所谓的"尊严"，敢于向孩子敞开心扉，展现自己的内心世界时，就能容易地获得良好的教育效果。

小跳的妈妈正是通过讲述自己小时候所犯的错误以及自己改正的过程，让小跳明白了"知错能改就是好孩子"的道理，这样小跳更容易接受，也乐于改正，从而达到最好的教育目的。

具体来看，家长可以这样做：

引导家中的男孩子了解自己。很多时候，都是父母在了解家中的男孩，而男孩则很少有足够的时间和机会了解父母。比如我们问男孩："你知道爸爸最喜欢吃什么吗？"可能绝大多数男孩子回答不了这个问题，因为很多家长将生活焦点都放在了男孩身上，想要尽量多了解一下他们，但是却忘了让家中的男孩子适时地了解一下自己。因此，平时家长要和孩子多沟通，探讨一下喜欢穿什么衣服、喜欢听什么歌曲、最大的梦想是什么、最希望去什么地方旅游等……这样一来，家中的男孩就会对我们有更加深入的了解，拉近彼此间的关系。

另外，家长还要多和男孩分享自己的心情。日常生活中，爸爸妈妈要习惯和家中的男孩子分享自己的心情，真实的喜怒哀乐要让孩子知道，这样才能让他及时地了解我们的内心，也向我们敞开心扉，使沟通更加有效。

按照约定时间回家

中国有句俗话：良药苦口利于病，忠言逆耳利于行。意思是说一些劝诫的话虽然听起来感觉不舒服，但是却对今后的行为有莫大的益处。但是在和孩子沟通的过程中，过于"逆耳"的言语可能会使男孩感到伤及尊严，继而产生逆反心理。家长要明白的是，语言也是有温度的，正所谓"良言一句三冬暖，恶语伤人六月寒"，男孩对父母的言语会更加敏感。智慧的家长在教育男孩的时候，往往让"忠言"听起来不逆耳，让孩子平静接受。

晓晨今年十岁，在一个周末的下午和同学出去玩耍，出门前妈妈和他约定下午六点之前必须回来，晓晨点头保证一定在妈妈规定的时间回来。但是下午六点之后，晓晨还是没有回家。妈妈着急起来，拿起手机给晓晨打了七八个电话都没有打通。妈妈给和晓晨比较熟悉的几个同学

打了电话,都说没有见过晓晨。

这样一来,妈妈心急如焚,害怕晓晨出什么意外,直掉眼泪。于是妈妈便和爸爸一起出门,到晓晨经常去的地方挨个儿找。一连找了几个地方,都没有见到晓晨,眼见天色渐渐黑了下来,妈妈更加担心了。爸爸劝慰妈妈:"也许晓晨去别的同学家玩去了,手机没电了,咱们先回家,可能他这会儿已经在家门口等着咱们了。"

可是回到家,晓晨还是没回家。一直等到晚上十点,妈妈都急得准备报警的时候,门外才传来脚步声。妈妈赶紧打开门,看到晓晨很不自然地站在门前,正咧着嘴冲她傻笑。这个时候妈妈怒火攻心,心想这孩子真不让人省心,家里人着急成这样,他还像没事人一样。妈妈对着晓晨劈头盖脸就是一顿臭骂,骂了一顿妈妈似乎还是不解气,于是"砰"的一声将门关上了,并冲着门大吼道:"站在那儿反思半小时再进门!"

半小时后,妈妈开门,晓晨竟然理直气壮地走进了家门,就像什么事情也没发生一样。妈妈问他:"就这样完事了?怎么不向我和爸爸认错?"没想到晓晨却反问道:"刚刚我不是已经被骂了一顿吗,还要我怎么样?"妈妈木然,不知道怎么回答晓晨。

这个时候一旁站着的爸爸悄悄地将妈妈拉到了一边,然后拉着晓晨的手,两个人坐在了沙发上。爸爸抚摸着晓晨的头说道:"爸爸知道你已经是个小男子汉了,有自己的想法,我们也很支持你。就拿今天的这件事情来说,爸爸和妈妈听到你要和同学出去玩,高兴得很呢!"听爸爸这么说,晓晨的态度好了很多,刚刚还是要"抗争到底"的表情消失了。

爸爸接着说道:"妈妈刚才态度不好,但是你要理解妈妈,她是担心你的安全才生气的。以后再出去玩,爸爸和妈妈也会支持你,但是说什么时候回来就要什么时候回来,不然爸爸和妈妈会担心的,难道你不心疼我们吗?"

晓晨点头,首先向妈妈承认了错误,继而保证以后再也不会因为贪玩而晚回家了。妈妈生气的脸上也有了笑容,原本母子间剑拔弩张的对峙也因为爸爸的一番话而平息了下来。

由于男孩子涉世未深，对外在事物的感性认知往往会大于理性认知。在这样的心理状态下，当爸爸妈妈说了所谓的"忠言"，他们往往会产生感性上的排斥和厌恶，而不是理性地去思考家长言语中所蕴含的道理。

也就是说，当家长教育孩子的时候过于简单粗暴，最终的效果也不一定很好。晓晨的妈妈一开始就不懂得男孩的心理，只知道一味地责备处罚，最终让晓晨产生了逆反心理。反倒是晓晨爸爸在发现晓晨情绪的异常之后，没有生硬地和晓晨讲什么大道理，而是先肯定了他出去玩的权利，表现出充分的尊重，继而暗示自己的担心，让晓晨自己反思错误，最终达到了教育目的。

聪明的家长往往这样做：

一方面，教育孩子时，语气要尽量委婉，让孩子自己去反思。很多家长在日常生活中，习惯直接跟孩子讲"大道理"，比如对男孩子说"现在不好好学习，将来就一无是处"，虽然是为了孩子好，但是孩子不一定领情，甚至会感到厌烦，在这样的环境中，最终的教育目的也就很难达到了。而委婉加上激励的言语，往往会让男孩从中感受到爱和关怀，并在此基础上不断反思自己的行为，最终意识到自己做得不好的地方，加以改正。

另一方面，不妨让"忠言"披上幽默的外衣。幽默是沟通过程中最好的"润滑剂"，当家长在和男孩说话时，不妨多说一些幽默的话语，将自己对男孩子的建议藏于幽默之中，这样的话，沟通的效果就会很好。特别是在孩子犯错的时候，幽默地指出他们的错误会比直接粗暴地"进言"效果更好。

那个玩具现在不能买

正所谓"有理不在声高"，家长在和孩子的沟通过程中，想要男孩接受自己的意见，首先就需要学会克制自己的情绪，降低自己说话的分贝。有研究表明，沉稳的音调比那些高昂的音调更容易让孩子接受。

家长要知道的是，孩子也有自尊心，特别是男孩，自尊心往往更强。当家长因为某件事情大声训斥他的时候，孩子往往会固执地坚持自己的意见，而当家长降低和男孩说话的音调时，孩子会从心里感受到尊重，乐意听取家长的建议。

石磊今年八岁，是一个很调皮又很任性的男孩。最让妈妈头疼的是石磊的性格，外出的时候只要发现自己喜欢的东西，一定会要妈妈立即买下来，假如妈妈不答应，他就会往地上一坐，号啕大哭，直到妈妈受不了周围人的眼光，给他买下来才作罢。为此，妈妈一直在想方法，改变石磊的这个"恶习"。

上个周末，妈妈带着石磊去商场买东西。在商场二层，石磊看到了一套他喜欢的遥控玩具，便拉着妈妈来到玩具面前，一定要妈妈给他买下来。妈妈说："儿子，家里不是已经有了一辆遥控的小汽车了吗，这个就不买了！"没想到石磊听了后坚持要买，还一屁股坐在地上，威胁妈妈道："你要是不给买，我就不起来！"

见石磊如此不懂事，妈妈很生气，本想大声训斥儿子，但是转念一想，在公共场合大声吼孩子影响不好，而且不一定会有效果，要是儿子被吼得大哭起来，那样就真不好处理了。所以妈妈蹲下身子，轻轻地对儿子说："石磊，乖，你过来一下。"

见妈妈如此，石磊很不情愿地挪到妈妈面前。妈妈尽量将自己的声音放轻，微笑地对儿子说："石磊，妈妈知道你真的很喜欢这个遥控玩具，妈妈也非常希望给你买下来。但是咱们家里的玩具都装了几箱子，假如再买根本没地方装了。而且爸爸和妈妈每天工作很辛苦的，挣的钱也不多，石磊是不是应该关心体谅一下妈妈啊？"

见儿子还是噘着小嘴不肯说话，妈妈继续小声地说："这样好不好，等到妈妈这月发工资后，再给你买？"石磊先前噘着的小嘴放松下来，脸上也有了微笑，从地上爬起来，非常愉快地接受了妈妈的建议。

十天后,石磊放学回到家中,就看到了茶几上的遥控玩具,正是当初他在商场中哭闹着要妈妈买下来的玩具。但是石磊却对妈妈说:"妈妈,我以后再也不会乱买玩具了!"妈妈很欣慰,感觉儿子一下子长大了。

心理学研究发现,人们在彼此交流的过程中,存在着一种"低声效应":当一个人低声阐述自己的观点时,其观点就很容易被对方接受。把这种效应运用到家庭教育中,效果是非常明显的。当爸爸妈妈在关怀孩子的基础上,轻声细语地同他们讲道理,就会收到良好的效果,特别是在批评孩子的时候,稳重低沉的话语常常能让孩子乐于接受。

当然,家长轻声细语和男孩交谈时,必须告诉自己要有耐心。当男孩任性地坚持自己的观点时,父母可能会一下子失去了耐心,将声调提高,那么反而会起到相反的效果。我们可以想一想,假如石磊妈妈见石磊坚持要买那件玩具而当场大发雷霆,那么石磊一定会大哭大闹起来。所以父母要有耐心,和孩子低声交谈,体现出一种友好协商的姿态,如此才能让男孩子觉得这是自己做出的决定,而不是父母强迫做的。

智慧的家长应该做到这样几点:

批评孩子时,要善于运用恰当的语气和措辞。假如男孩犯了错误,很多家长都会觉得有必要批评一下,但是简单粗暴的批评通常会激起他们的逆反心理。这个时候,家长在适当降低批评语调的同时,运用恰当的语气和措辞,让男孩更容易接受。

不要伤害男孩子的自尊心。假如父母常在男孩子不听话的时候使用了训斥或者讽刺的语气,则会伤害到男孩子的自尊心。父母语气要更真诚,音调要适当放低,这样才能让男孩感受到父母的关怀和尊重。

要善于抓住男孩子的心理。平时,家长多揣摩孩子的心思,根据他们的性格特点来确定交谈策略,用他们乐于接受的语气表达自己的意思,以获得良好的沟通和教育效果。

考砸了，也要运用"南风效应"

很多家长都有望子成龙的心态，渴望家中的男孩能够超越自己的成就，长大之后闯荡出一片新的天地。也正是因为这样的心态，当男孩在某方面表现不好的时候，家长就很容易出现过激的反应，比如对男孩子大吼大叫、讽刺挖苦，甚至棍棒相加。其实男孩子表现不好，家长一味地说教甚至打骂没有什么效果，还不如关怀一下孩子，鼓励一下孩子，这样的沟通和教育效果会很好。

张扬还有一个月就要期中考试了，可是因为平时学习不努力，张扬很着急也很紧张，害怕自己这次再考不好，到时候被老师和爸爸妈妈看不起。他越是着急，上课的时候越是听不进去，对将要到来的考试就越没有信心。在这样的心理影响下，他自暴自弃起来，上课不注意听讲，回家之后也不做作业。

妈妈发现了儿子的反常举动，心里面非常着急，想想儿子表现得真让自己失望，平时不怎么学习不说，到了考试前夕还这么放纵自己，对儿子感到失望。妈妈很想狠狠地将张扬训一顿，让他明白再也不能这样下去。但是妈妈转念一想，儿子这个时候内心也很烦躁，有哪个孩子不想好好学习，在考试中取得好成绩呢？妈妈觉得儿子害怕考不好的话被爸爸妈妈训斥是自暴自弃的根源，决定从根源入手，关怀一下儿子，多鼓励儿子，最终解开他的心结。

一天，当张扬放学回家后，妈妈把他叫到身边来，说："儿子，妈妈发现你最近情绪不对，是不是要考试了，心里面压力大呢？"张扬低着头，摆弄着衣角，什么话也没说。但是妈妈从他的表情动作中得到了肯定的回答，继续跟他说："儿子，爸爸妈妈并不会因为你的学习成绩不好而看不起你，只要你努力，不管你考得好不好，你都是爸爸妈妈的好儿子。"

张扬听妈妈这么说,原本低着的头一下子抬了起来,问道:"真的?"

妈妈很诚恳地说:"是啊,其实在妈妈的眼中,你做得已经很好了,只要你尽力,妈妈就很高兴。"张扬的心一下子亮堂起来,他拉着妈妈的手说:"妈妈,从现在开始,我再也不自暴自弃,我会努力学习,即使这次考不好,下次我一定会更进一步,考个好成绩。"妈妈抚摸着他的头说:"你能这么想,妈妈非常高兴呢!"

心理学上有一种"南风效应",说的是北风刺骨寒冷,只能让人们将身上的大衣裹得更紧;而南风柔和温暖,能够让行人解开大衣,享受温情。把这种"南风效应"运用到家庭教育当中,就意味着家长要多关心和激励孩子,不能觉得孩子表现不好就一味地批评讽刺。穷养男孩,不能一味要求"严",也需要爱和关怀,有时候春风化雨,对男孩子而言才是最好的教育。

懂得孩子心理的家长,往往在孩子表现不好的时候仔细地发掘孩子身上的闪光点,对孩子的关怀会比往日更多,这样一来,孩子会走出一时失败的心理阴影,在父母的关怀和激励下获得进步。

首先,要善于发现孩子的闪光点。孩子在某一方面表现不好,并不意味着他在别的方面也一无是处。所以当家中的男孩因为表现不好而沮丧的时候,家长最好能够挖掘孩子身上另外一处闪光点,及时表扬孩子,转移他的注意力,激励他更加努力向上。

其次,当没有发现孩子闪光点时,不要随便敷衍孩子。因为这样会让男孩觉得家长在糊弄自己,自己被轻视了,不仅不能从爸爸妈妈所谓的"发现"中汲取必要的力量,反而会产生心理压力,继而失去前进的信心。

最后,要善于表扬孩子。男孩子即使做得不好,家长也要学会从其他角度进行表扬。另外,发现了孩子的闪光点,表扬的语言就要及时跟进,这样孩子才会从中体会到父母的爱,汲取到源源不断的前进动力。

第四章
穷养男孩的理性

超市玩具风波

与女孩相比,男孩更容易冲动,面对事情总是习惯采取简单粗暴的办法来解决。很多时候,一个理性温和的男孩更容易让人亲近,长大之后生活幸福、事业成功的概率也会大很多。所以在日常的生活中,家长非常有必要培养男孩理性思考的习惯,让男孩从小就学会怎么去抑制自己的冲动,做一个大家都想亲近的小"明星"。

华桦今年九岁,遇事爱冲动生气,脾气比较倔强。虽然每次生完气,他都会为自己的冲动而懊恼,能主动向爸爸妈妈认错,但是再遇到着急的事情,他还是控制不住自己。这让妈妈很头疼,总是想找一个方法让华桦学会理性思考,能够控制自己的怒气。

有一次,妈妈带着华桦去超市购物,华桦看上了一套水彩笔,让妈妈给买下来。他拉着妈妈的手说:"妈妈,我喜欢那套水彩笔,你给我买下来吧。"妈妈对华桦说:"儿子,咱们家不是有一套新的你还没用吗,怎么又要买?"但是华桦一定要买新的,他对妈妈辩解道:"你不知道,家里的那套包装盒不好看,不如这个炫酷。"妈妈不肯,华桦一下子冲动起来,甩开妈妈的手,大吼道:"小气鬼,不给买就算,我以后再也不理你了。"

妈妈耐着性子等着华桦发完火,然后还是告诉他不行,坚决不给他买。华桦也没什么办法,不理会妈妈的解释,气呼呼地离开超市。但是回到家后,华桦走到妈妈跟前,跟妈妈认错道:"妈妈,在超市是我错

了，我不该生气，我当时没有什么办法控制自己的情绪。"

妈妈跟华桦说："妈妈很高兴你能认识到自己的错误，我知道你想改，其实妈妈想告诉你的是，战胜冲动最好的办法就是理性思考。就拿买水彩笔的事情来说吧，假如你在冲动之前能够想一想爸爸妈妈工作的辛苦，挣钱不容易，你也就不会一直要求妈妈给你买下来了。你再想一想，周围的人都在看着你的一言一行，你发脾气了，那么丢脸的一定是你自己。这么想着，你以后是不是就能控制自己的情绪了？"

听了妈妈的话，华桦每到要发脾气的时候，就自然想起妈妈之前说的话——爸爸妈妈工作很辛苦，而且冲动吵闹丢脸的是自己。这样一想，华桦就变得理性起来，将冲动的情绪遏制下来。时间久了，华桦生气的次数渐渐地少了，脾气也变小很多，这样的变化让爸爸妈妈欣喜不已。他们相信这样下去，华桦爱冲动的坏毛病一定能彻底地改正。

穷养男孩，爸爸妈妈需要耐心地去引导孩子，教给孩子合适的方法，把心里爱冲动的"情绪小野兽"俘虏，如此才能让孩子学会控制自己的情绪，理性地看待自己的遭遇。当男孩子习惯思考问题时从自身出发，从客观现象出发，那么他在行动之前就会有一个"保险"，冲动行为就会变少。

父母应引导男孩子"一分钟后再行动"。假如男孩遇到什么事情变得很焦躁、愤怒，那么父母不妨首先引导他为自己的情绪降降温度，比如让他在冲动之前先在心里对自己说："我一分钟之后再生气。"然后在心中读秒。不要小看这短短的一分钟，可以在很大程度上令男孩子冷静下来，理性思考，一分钟后他的想法可能和之前就不一样了。

父母应引导男孩为自己减压。在男孩遇到什么事情情绪波动较大时，父母可以引导他们为自己减压，比如暂时换一个环境，将遇到的事情暂时放下；或者和别人说说话，将内心的愤怒情绪发泄出来。

小猫咪也有爸爸妈妈

男孩和女孩心理上有一个巨大的区别：男孩内心普遍存在着暴力倾向，所以他们喜欢玩刀枪，喜欢当警察，去抓小偷；而女孩则比较温柔，多喜欢花花草草。这就意味着，穷养男孩，爸爸妈妈要特别注意男孩子心中潜伏的暴力倾向，要找到方法打磨男孩的韧性，让他们明白，暴力解决不了任何问题。

明亮是个非常淘气的小男孩，穿着开裆裤的时候，就开始拿着玩具刀对着妈妈乱砍，拿着玩具手枪对着爷爷奶奶胡乱"扫射"。最初，妈妈觉得这是男孩子特有的天性，有哪个小男孩不喜欢舞刀动枪呢？但是随着明亮渐渐长大，妈妈发现他无意中会欺负比自己小的孩子和小动物，其行为已经超过了淘气的范畴，这样的发现让妈妈心里很不安，她觉得必须找个机会跟明亮好好谈一下。

有一天，明亮放学后和小朋友在小区玩，到吃饭的时候妈妈下去找他，看到他和一群小伙伴围在一起，正用一根树枝逗藏在灌木丛中的流浪猫。"快点出来，快点出来！""我让你不出来，你真是找打……"大家七嘴八舌，明亮甚至用树枝敲打小猫咪，吓得流浪猫缩成一团。妈妈没有想到明亮竟然会欺负流浪猫，心里十分生气，但是面对这么多人不好发作，只是严厉地说："走，回家吃饭！"

吃饭时，妈妈一直在盘算怎么教育孩子，让明亮明白虐待小动物是不对的。吃完饭，妈妈问明亮："今天的饭菜好吃吗？妈妈专门为你做了你最爱吃的糖醋里脊。"明亮说："好吃！妈妈以后要经常做。"妈妈趁势说："你看，你多幸福，有爸爸妈妈疼爱，回家后吃上自己爱吃的饭菜——可是那个小猫咪就可怜了……"

明亮不知道妈妈为什么一下子提到小猫咪，转过头看着妈妈。妈妈

继续说:"你有爸爸妈妈疼爱,其实小猫咪也有爸爸妈妈疼爱,只是不知道什么原因,离开了爸爸妈妈,在外面流浪,本来就十分可怜了,被你们欺负是不是更加可怜?"

明亮惭愧地低下头。妈妈摸着明亮的头说:"真正的男子汉,不是用武力去欺负弱小,而是帮助弱小。"明亮说:"妈妈,我明白了,我以后不再欺负小动物了,也不欺负那些比我小的孩子。"

男孩天性是淘气好动,小的时候可能分不清什么是对什么是错,纯粹是因为好玩,家长如不加以引导,慢慢就会变成一种暴力行为。因此,家长要注意观察,当男孩身上出现暴力倾向时,家长要先找到原因,并找到最好的方式来和男孩进行沟通,及时让他们分辨对错,把暴力因素消除在萌芽中。

在生活中,要培养男孩的爱心。比如,家里喂养几只小动物,让孩子与小动物做朋友,培养出家中小男孩的博爱精神,消除内心的暴力倾向。教他们善待家中的小动物。当家中的男孩出现虐待小动物的情况时,家长要及时制止,并明确告知那样做是不对的。

另外,为孩子选择合适的电视节目。有些电视节目中会有暴力镜头,可能会对男孩产生不良影响。最好的办法是,在孩子看电视的时候家长陪伴在左右,帮助孩子选择一些好的节目,避免孩子接触到大量的暴力情节。如果看到暴力情节,家长要让男孩懂得,电视中的情节和现实社会是有区别的,特别是电视电影中的暴力情节不可模仿,不然就会慢慢影响到现实生活中的语言和行为,变成一个别人不喜欢的"暴力狂"。

飞机模型颜值比赛

有的时候,人的不良情绪不容易被压制住,但是却能被转移出去。

在家庭教育中，当男孩遇到愤怒、伤心的事情时，家长可以教给他们一些适宜的方法，帮助他们缓解情绪，让内心归于平静，这样才能保持男孩身体和精神上的健康。

王旭放学回家后情绪很激动，将书包往沙发上一扔，对正在看电视的妈妈说道："今天活动课真是气死我了！"见儿子情绪波动很大，妈妈连忙问道："怎么了？先不要生气，有什么事情告诉妈妈。"

"今天活动课，大家在一起做游戏。我和陈亮比赛谁做的飞机模型好看，结果他耍赖皮，虽然大家都说我做得好看，但是陈亮就是不承认，还故意做鬼脸嘲笑我。"王旭挥着小拳头将自己今天的遭遇说出来。

妈妈问王旭："嗯，这是陈亮的错，你想怎么处理？"王旭继续挥着他的小拳头说："我明天想和他打一架！"妈妈引导王旭道："你们之间仅仅是一场小比赛，下一次你再赢他不就行了，妈妈不信下次他还耍赖。"

见王旭的情绪还是很激动，妈妈灵机一动，对王旭说道："妈妈刚刚想起来，咱们家的花儿该浇水了。妈妈今天工作了一天很累呢，腰酸背疼，你帮妈妈浇水好不好？"王旭便开始给一盆盆花儿浇水，跑来跑去，等到最后一盆花浇完水后，他出了一身汗。为花儿服务，让王旭的情绪也慢慢平静下来，愤怒消失了。

当男孩比较激动的时候，很容易被负面情绪所控制，容易一时冲动做出害人害己的事情。这个时候，爸爸妈妈需要帮助男孩子找到最适合的方式，缓解情绪，减轻压力，比如可以和男孩子一起做运动、一起劳动等。当然，控制情绪并不等于压抑情绪，而是让男孩学会正确对待自己的冲动，让自己尽可能理性应对突发事件，这种能力在心理学上也被称为"情商"。一般而言，情商越高的男孩子越能掌控自己的情绪，做情绪的主人，不容易冲动。

具体来看，家长应该这样做：

让男孩子学会用运动缓解情绪。一般而言，男孩都喜欢体育运动。所以男孩情绪冲动的时候，家长可以建议他们做一些自己喜欢的运动，比如打篮球、踢足球、跑步，等等。男孩子意识到运动能够缓解冲动的情绪后，他们在今后的生活和学习中，当情绪不稳定时，就会用运动加以缓解。

让孩子学会表达自己的情绪。家长要教男孩子正确表达自己的情绪，这样周围的人才能了解他的想法，继而配合他们的行动，让他们朝着自己想要的方向发展。生活中，善于表达的人比较容易控制自己的情绪，释放精神上的压力。因此，孩子放学回家，家长可以让男孩说说自己一天的活动，培养男孩的表达能力，让他们喜欢上沟通。这样一来，当他们情绪激动的时候，就会向身边的人倾诉，将内心的压力释放出来。

当"英雄"付出的代价

每一个男孩都有着自己的"英雄梦"，都希望自己成为别人崇拜的对象。所以在男孩身上，我们总能发现他们的与众不同之处——爱管闲事，爱打抱不平，见不得一些以大欺小的现象……但是有时候，英雄情结强烈的男孩会高估自己的能力，做出一种"逞能"行为，甚至伤害到自己。

穷养男孩，家长就需要对男孩子的英雄情结进行引导，让男孩子正确看待英雄，这样有助于他们今后的成长。

唐伟放学回家后，妈妈惊讶地发现他的衣服撕了一个大口子，再看看脸，妈妈的心一下子揪了起来：脸上有三道划痕，而且眼眶肿起很高。妈妈急忙问道："这是怎么了，和别人打架了？怎么脸上被抓了这么多血痕，眼眶也肿了起来？"

见妈妈着急，唐伟还是一副没什么大事的样子，对妈妈说："没什么大事情，我就是今天路见不平，拔刀相助，和一个人打了一架。"妈妈担心起来，看来唐伟逞能的毛病又"发作"了，真是让人头痛。虽说男孩子想做英雄的想法很好，但是也要看看自己的能力啊，总是逞强跟别人打架，被打坏了怎么办？

妈妈虽然生气，但是还是控制自己的音调，轻声跟唐伟说道："到底怎么回事？跟妈妈说一下。"见妈妈要听自己的英雄故事，于是唐伟眉飞色舞地将自己刚刚经历的事情说了出来。

原来唐伟放学回家的路上，看到六年级的孩子欺负他们班的同学，将同学新买的作业本抢去了。那个同学见对方个子很高，人长得又壮，吓哭了。而且放学的时候老师又不在，唐伟意识到这是一个当英雄的机会，于是便跑过去帮同学将作业本夺了过来。在和那个六年级学生争抢的过程中，唐伟的眼睛被打了一拳，脸上也被抓了几下。

妈妈感觉唐伟有些逞能，个子没人高，身体没人壮，竟然和人打架。当然妈妈很认可他的这种见义勇为的精神，但是并不想儿子因为想当英雄而处处逞强，看不清自己的真实实力，让自己处于危险之中。

想到这里，妈妈便对唐伟说道："儿子，你帮助别人是对的，妈妈也觉得你是一个小英雄。但是妈妈要提醒你的是，当英雄不能逞强，就像这次，对方比你大比你壮，你却和人家打架，这就是逞强。万一被那个孩子打坏了怎么办？爸爸妈妈一定很伤心的。"唐伟听了妈妈的话，再加上脸确实比较疼，对妈妈的话很认同，意识到自己有时候是很莽撞，没想到后果。

见唐伟意识到了错误，妈妈继续教育道："当英雄之前最好能估量一下自己的能力，假如你能自己处理，那么妈妈支持你；假如自己办不到，就不需要强出风头，可以找老师帮忙，避免受到伤害，明白了吗？"

唐伟点点头，他确实将妈妈的话听到心里去了。

在现实生活中，男孩经常将自己幻想成"小超人"，觉得自己身怀绝技，能够做成自己想做的任何事情。所以他们愿意帮助那些弱小者，和所谓的"恶势力"进行斗争。但是由于孩子的年龄比较小，不管身体还是心理上，都不能支撑"英雄"的抱负。这种情况下，男孩就会比较冲动，不计后果，莽撞行事。

所以爸爸妈妈要在尊重男孩英雄情结的前提下，引导男孩量力而行，什么时候需要勇敢地走上前，什么时候需要寻求其他方法，都需要行动前仔细地思考一下，千万不要为了当什么英雄而逞能，强出头。

一方面，要满足男孩当英雄的心理，教给孩子当英雄的方法。当男孩因为英雄情结而冲动做事的时候，家长先不要忙着批评男孩，首先要肯定男孩的精神，满足孩子的英雄心理，然后再帮男孩子分析一下问题，看看除了逞强之外，还有没有其他的方法。

另一方面，让男孩子明白平淡中也有真英雄。在日常生活中，爸爸妈妈不妨多让家中的男孩子帮一下忙，尤其是妈妈，可以让男孩帮助自己做一些力所能及的事情，比如去超市提购物袋等，事后再夸奖一番，这样不仅能够满足男孩的英雄心理，而且还能让他们意识到即使是做小事，也能成为别人眼中的英雄。如此一来，男孩子逞能的"欲望"也就大大降低了。

变形金刚和新华字典

一个男孩如果自制能力较差，抵抗诱惑的能力就低，情绪也容易波动，做起事情来就比较莽撞。所以针对自制力比较差的男孩，家长有必要有针对性地设置一些情境，培养男孩的自制能力，为他们将来的生活和学习奠定一个好的基础。

然然今年十岁，非常调皮，尤其是自制能力比较差，做事情的时候总是抵制不住诱惑，三心二意。而且因为自制力不强，然然容易冲动，动不动就发脾气，使小性子，为此妈妈伤透了脑筋，妈妈觉得有必要多给然然设置一些有诱惑力的情景，锻炼他的自控能力。

针对然然特别喜欢玩具的爱好，妈妈决定多带然然去商场转转。有一天，妈妈带着然然在商场中闲逛。走到玩具专柜的时候，然然便拉住了妈妈的手，跟妈妈说："妈妈，我想要一个变形金刚。"妈妈看着然然的眼睛问道："儿子，家里面不是有很多的玩具吗，你怎么还想要变形金刚呢？"然然回答说："上次我在同桌家看到一个新的变形金刚，觉得非常好玩，所以我也想买一个。"

妈妈问道："儿子，你是想要呢还是需要呢？"然然不假思索地说："我想要！"妈妈摇着头说："你的这个要求妈妈不能满足你，你想要但是并不需要的东西，没有什么急迫性。"听妈妈这么一说，然然立即改口道："我不想要，我需要。"

妈妈又问："那你为什么需要呢？"然然用手挠头，无言以对，对他来说，妈妈这个问题太难回答了。

最终妈妈还是没有给然然买，妈妈对他说："假如你需要的是一本学习用的字典，或者一种生活的必需品，妈妈会很高兴地给你买。但是你现在想要的东西并不是你真正需要的，不过是你的虚荣心在作怪，所以妈妈不能满足你这种要求，你能明白吗？"然然虽然有点不高兴，但是仍然点了点头，妈妈明白，从这一刻起，儿子明白了"需要"和"想要"的区别。

自我控制力是一种良好的意志品质，也是所有成功者都必须具备的能力。因此，家长在男孩子的穷养过程中，需要帮助男孩提高对诱惑的抵抗能力和对情绪的控制能力。

所以家长在教育家中男孩子的时候，有必要让他们意识到自制力的重要性：不管是大事还是小事，懂得自我克制，善于理性地约束自己的

脾气，哪怕是一种小的克制，也能让他在日后的成长中变得强大而有力。

如何培养男孩子的自制能力呢？然然妈妈的做法值得借鉴。家长可以在生活和学习中设置一些情境，比如故意将巧克力放在男孩可以看到的范围，告诉他 20 分钟后再吃；将洗好的水果放在茶几上，告诉他客人来了才可以吃；带他去商场，看他喜欢的玩具，但是却不一定要给他买等。这些都能锻炼男孩子的自制能力，让男孩子变得越来越理性，在诱惑面前有免疫能力。

创设情境之后要及时"点睛"。家长除了让男孩在设置情境中锻炼自制能力外，还要为男孩总结出情境训练的得失，告诉男孩再次遇到这种情况应该怎么去想，怎么去做。如此男孩才会在今后的生活和学习中面对各种诱惑而不心动，并很好地控制住自己的情绪。

为男孩子设立情景后，男孩子有一些情绪是正常的现象。这个时候，家长要引导男孩去体察自己的情绪，去寻求一些比生气更好的处理方法。这样，男孩渐渐学会提醒自己：我现在的情绪是什么？我为什么这样做？我这样做好不好？当男孩懂得了反省，才能及时纠正自己的情绪，不再莽撞冲动。

保护球球被狗咬

一般而言，男孩个性比较粗放，做事的时候容易冲动莽撞。在生活中，我们也总是能够看到一些男孩因为莽撞行事而被家长训斥责罚的情景，男孩难受，家长也头痛。那么，当男孩因为莽撞而犯下了错误，家长应该怎么处理呢？

康岩被邻居家的狗咬伤了胳膊，到医院里去打针。妈妈心疼地埋怨康岩说："你做事怎么这么莽撞，妈妈每天都提醒你，不要逗狗玩，你就是不听,这回好了吧,被咬了!"

谁知道康岩理直气壮地说:"妈妈,我没有莽撞,我是为了保护咱们家的球球。"球球是家里养的一只哈巴狗,原来康岩是为了保护球球而被邻居家的大狗咬伤的。听康岩这么说,一旁的爸爸向妈妈使了一个眼色,示意她先不要埋怨康岩。

爸爸问康岩:"儿子,你将具体的经过跟爸爸说一下。"于是康岩便将事情原原本本地说了一遍。原来康岩放学回家后,牵着球球在楼下的小公园玩耍,手里拿着一根火腿肠逗球球。后来康岩将火腿肠扔在地上,准备全给球球吃了,但是邻居家的大狗不知道从什么地方跑过来,竟然要抢火腿肠,球球便和那只大狗"对峙"。康岩当然不肯让大狗欺负球球,于是便站在两只狗之间,将火腿肠踢给了球球。邻居家的大狗被惹急了,一下子把他的胳膊咬伤了。

听到这儿,爸爸心中一阵后怕,还好这次康岩仅仅是一点皮外伤,假如咬在关键的部位,后果将不堪设想。爸爸轻声地对康岩说:"尽管这次你是为了保护球球,但是也太莽撞了,很危险。以后遇到事情,你能做到你就做,做不到你就不要逞能,不然就会受到伤害。比如这次,即使那条大狗吃了火腿肠,你又没有什么太大损失,但是你却莽撞地将大狗激怒了,所以才被咬伤。"

听了爸爸的话,康岩意识到自己的行为过于莽撞,被大狗咬住的时候,他也非常害怕。他答应爸爸以后再也不莽撞做事,出手之前一定会想一想后果。

男孩之所以莽撞,从心理层面上看,除了所谓的"英雄情结"外,还因为缺少危险意识,没有预测到行为所产生的后果。父母当然不能对男孩的莽撞行为坐视不理,但是有时候,父母说了很多,方法也想了很多,男孩还是改不了做事莽撞的毛病。这个时候父母应该怎么做呢?很多家长总是采取批评的态度,一味训斥。这样做虽然能够暂时打压男孩的莽撞心理,但是却不利于培养男孩子的冒险精神和探索欲望。

最有效的方法是让男孩子树立危险意识。即在男孩子犯错的时候，有针对性地为其假设一下，推演出严重的后果，以此来警示他们，让其明白莽撞做事可能造成的严重后果。当然对于因为"善良"动机而引发的莽撞后果，父母则可以先肯定，然后再做评价，让男孩子意识到还有更好的方法达成目的。

　　另外，家长要注意，当男孩的莽撞行为触及"高压线"时，要严厉警告甚至惩罚。有时，男孩的莽撞行为可能会触碰到安全、道德、社会规则等"高压线"，家长对其犯下的错误要做严厉的批评，决不能无原则地放纵。要知道小时候不严加管教，男孩长大后就可能对这些"高压线"毫不在意，那时候稍有不慎，就可能悔恨终身。

第五章
穷养的途径是放手

孩子，终有一天我要离开你

很多家长在教育男孩的时候，或多或少都会有过这样的感慨——我这儿子简直是上天派下来的小冤家，故意跟我作对的。因为男孩大都比较调皮，家长不允许他做什么，他却偏要做什么，常常把父母气得想要发脾气。

其实，父母要知道，男孩虽然年龄不大，但是都有自我意识，不可能言听计从一辈子。与其要求他做这个做那个，不如让他自己体会，这次做错了，尝到苦头，下次他就不会再那样做了。

在乐乐妈妈心中，乐乐是个不省心的孩子，你让他上东，他偏要上西，你不让他做什么，他偏做什么。乐乐妈向同事诉苦，将乐乐的各种不听话行为都爆料出来。同事打趣道："亏你还是个老师呢，怎么教育自家孩子时却钻了牛角尖呢？你需要学会放手，不能管得太紧，不然'哪里有压迫哪里就有反抗'。现在小孩子都懂事得早，即使咱们不约束他，他也不会像我们想的那样为所欲为，大多数时间是懂规矩的。再说我们能一辈子跟在他们身后管这管那啊？"

听了同事的一番话，让乐乐妈醍醐灌顶。是啊，乐乐在渐渐长大，而自己却在渐渐老去，虽然现在能够事事管着他，事事帮着他，但是以后呢？自己不可能一辈子都陪伴着他，等自己离开的时候，习惯了妈妈管教和照顾的乐乐能够适应这个社会吗？

从此以后，乐乐妈就废除了自己定的一些"规矩"，比如书本必须

摆放在指定位置、晚上几点之前必须入睡……妈妈对乐乐说:"你现在长大了,懂得自己约束自己,妈妈不再强制要求你做什么事了,你要学会自觉。"乐乐有了自由,但是并没有放任自己,而是认认真真为自己制订了各种计划,妈妈感到非常欣慰。

华人首富李嘉诚在教育孩子的时候非常注意对他们独立人格和品性的培养。他的两个儿子八九岁的时候,李嘉诚就让他们参加公司的董事会,不仅让他们列席旁听,还鼓励他们发表意见。后来两个孩子在美国斯坦福大学毕业,想回到父亲的公司大干一番,但是李嘉诚却让他们自力更生,自己独立打江山。就这样,两兄弟克服了很多困难,把事业做得有声有色。正是因为李嘉诚的"拒绝"才促成了兄弟俩的独立,让他们自强不息,最终实现各自的人生价值。

父母再强大,终究也会离开孩子,假如总是包办和给予,或者制定各种各样的规矩,那么男孩便会习惯依赖和遵守,等到父母不在的时候,他便失去主心骨,不得不彷徨无助地面对社会。这么看来因为疼爱孩子而包办他的一切实际上是在伤害他。穷养男孩的真谛是:让孩子出自己的力,流自己的汗,吃自己的饭。这样成长起来的男孩子才会懂得如何做人做事,才会成长为真正的男子汉。

因此,在日常生活中,父母要经常和男孩子谈论一下人生的话题,告诉他父母终究有一天会老去,不可能永远地陪伴在他的身边,他必须要学会自立自强,独立地生活和做事。

另外,家长应该懂得适时放手。在有限的生命中,自己动手做事才最有意义,尽管这个过程可能会存在很多曲折,遭遇诸多磨难,但父母必须要相信男孩,坚信他会变得越来越独立,越来越成熟。

在姑妈家的日子

穷养男孩,最关键的一点还是在于适度放养。现代家庭一般只有一个子女,特别是家中的男孩,很容易被长辈"圈养"起来,不许做这个,不许做那个,家长自会包办一切,只需要把学习放在第一位。虽然这些男孩从此有了所谓的"安全"和好成绩,但是却牺牲了个性上的自由和精神上的自立。圈养的男孩子就像温室中的花朵,一旦遇到风吹雨打就会凋零。

和圈养恰恰相反,放养的教育方式提倡让孩子独自去面对这个社会,走出家庭,融入身边的环境中,获得更大的成长空间。放养的教育方法是很科学的,能够发掘出男孩的各种潜力,让男孩子的眼界更开阔,个性更独立。

妈妈觉得晓涛做事独立性很差,平时在家"饭来张口,衣来伸手"不说,做什么事情都想要爸爸妈妈代替,自己很少开动脑筋。妈妈很着急,总想着找一个好方法锻炼一下晓涛的自立能力。

今年暑假,妈妈和爸爸商量了一下,将晓涛送到了乡下的姑妈家。爸爸只告诉晓涛说是去姑妈家玩一阵子。当然,爸爸只待了两天,便说单位有事,急着回家了,对晓涛说过几天再来接他。当时晓涛正和姑妈家的表弟玩得欢,没将爸爸回家的事情放在心上。

但是过了三天,见爸爸还没过来接他,晓涛就有些沉不住气了。他给爸爸打电话说:"爸爸,你什么时候才来接我?姑妈每天早晨六点就叫我起床,吃过早饭后还要我去菜园子帮着给蔬菜浇水、拔草,我都要累死了!而且姑妈家的饭菜也很简单,整天吃菜园子里的青菜,很少吃肉,我不想再待在这里了。"

爸爸一本正经地告诉晓涛:"爸爸妈妈最近工作都很忙,你在姑妈

家多待些日子，等不忙了爸爸就去接你。"爸爸心想，过不了多长时间，晓涛就会习惯乡下的生活，正好磨炼磨炼。又过了几天爸爸给晓涛打电话的时候，晓涛对爸爸说："姑妈家的小狗很可爱，每天都围着我转来转去。我还认识了村里的几个小伙伴，一起到河边捉鱼呢。而且我还跟姑妈学做饭，学会了糖拌西红柿，等回家之后我就拌西红柿给你们吃！"

爸爸心中很是高兴，一边旁听的妈妈更是抢过了爸爸的电话，激动地跟晓涛说："儿子，等你回来之后，妈妈一定要尝一尝！"

父母要敢于放手，这样才能让家中的男孩走出"围城"，有机会自己去面对社会。要知道在"放养"的过程中，孩子总能学到一些学校里学不到的知识，获得更多的生活经验。所以父母最好能够多给男孩提供一些机会，让男孩的潜能得以发掘，让他们变得更加自立，更加有责任感。

但是有些爸爸妈妈对放养做法并不放心，认为这意味着一种放任，很可能让男孩走上歧路。其实这种担心完全没有必要，放养并不意味着父母彻底放手，父母手中始终要握紧一根线，不断地指引孩子。

一方面，放养男孩别忘了激励。很多时候，在父母放手的最初阶段，男孩子独自面对陌生的环境和事物时，内心深处肯定会产生一些恐惧心理，不敢迈出第一步，或者不知道自己做的是对还是错。这个时候，父母需要及时地给予男孩一些正面的激励，让男孩能够消除内心的畏惧心理，迈出最关键的一步。

另一方面，放养男孩，家长要做好示范。男孩在遇到一些事情无法独立解决时，父母应该及时地做出示范，或者给男孩子讲一下自己是怎么处理的，让男孩子有勇气自己面对，有方法自己去解决。

另一只鞋子自己穿

父母疼爱男孩,并不等于大包大揽,替他们将所有的事情都解决掉。因为这种"疼爱"其实束缚了男孩的双手,不仅会让他们失去应有的创造力,还会使他们的人格发展遇阻。这样的男孩子,生活自理能力得不到提高,独立意识也得不到增强,面对挫折时更容易沮丧和退缩。

启东是一个非常调皮的男孩子,每天放学回家后,总要跑出去玩一会儿,直到吃饭的时间才回来。有一次,启东放学回家将书包往沙发上一扔,又跑出去玩了,回来的时候妈妈发现他的鞋子上满是泥浆。

妈妈问:"又去哪儿疯去了,怎么弄得鞋子上全是泥浆?"

启东回答道:"楼下花坛边的水管子坏了,往外漏水,我和别人打水仗来着。"

妈妈很想教训一下启东,但是转念一想,男孩子要是不调皮也就不正常了。于是妈妈便找出了一双新袜子和新鞋子,帮助启东穿上一只袜子和鞋子后就走开了。看着自己一边是新新的鞋子,另一边是沾满泥浆的鞋子,启东不知道妈妈是怎么想的。

"妈妈,右脚上的鞋子你还没给我换呢!"启东大声地对妈妈说。

妈妈问他:"你告诉妈妈,你今年多大了?"

"七岁了。"启东说道。

"都七岁了,妈妈在你这么大的时候,连饭都会做。刚刚妈妈不是帮你换了左脚上的袜子和鞋子吗,你照着妈妈的样子,自己将右脚上的袜子和鞋子也换好。"

听妈妈这么说,启东只好自己脱掉脏鞋子和袜子,学着妈妈刚才的样子,将新袜子和鞋子穿上了。

之后不管做什么事情，妈妈都会做一半留一半，给启东自己动手的机会，比如鞋脏了，就手把手教孩子擦亮一只鞋，另一只鞋交给他自己动手擦。这样一来，不仅锻炼了启东的动手能力，还使他在一次次的动手实践中，变得越来越坚强，越来越敢于做事。

如果家长习惯包办男孩的一切，会让他们习惯被照顾，一旦遭遇到挫折，则容易丧失信心，失去再次站起来的勇气。所以家长应该放手让男孩子做一些力所能及的事情，让他们遭遇挫折，变得坚强起来。

启东妈妈的做法就非常值得我们借鉴，帮助男孩开一个头，做一个引导，然后让他自己完成，给男孩子提供一个自己动手的机会。这样的方式并没有强迫孩子，而是积极地去引导，并在教育的过程中不断启迪和示范，将"要他做"变成"他要做"，自然事半功倍。

还可以让男孩收拾自己的房间，以锻炼男孩的动手能力。很多妈妈习惯为男孩子收拾房间，其实这些家务活男孩都能够自己去做。只要是放在孩子房间的东西，乱也好，脏也好，就是他自己的事情，爸爸妈妈不要替他整理，也不要责怪他。要是屋子太乱了，妈妈不妨提醒一下男孩："儿子，房间自己收拾一下，你的房间确实乱得不成样子了。"男孩通常就会主动收拾，但是绝对不会向妈妈求助。不管他第一次做得好不好，都要鼓励他，这样才能锻炼男孩子的动手能力，让他在今后的生活中慢慢变得独立起来，最终变得坚强。

保证不偷看日记

有些家长总是担心男孩做不好事情，总想着了解男孩的一举一动。这些家长想当然地认为，孩子根本就不需要什么秘密，自己对孩子了解得越多、越彻底，就能在男孩成长之路上更好地帮助他们。在这样想法的支配下，他们随意查看孩子的"隐私"。这种做法其实是错误的，会

导致男孩子的激烈反抗。

所谓隐私，是每个人深藏在心底的秘密，并不想将之公之于众。人人都有自己的小秘密，男孩自然也不能除外，并且随着年龄的增长，男孩的自我意识不断加强，他们的小秘密会越来越多。穷养男孩，就要尊重男孩的独立性，切忌窥视男孩的隐私。

王雪飞今年上小学五年级，妈妈发现他渐渐有了很多小秘密，尤其是不知道从什么时候开始，有了写日记的习惯。妈妈觉得儿子已经长大，有些小秘密再也不像以前那样跟自己说了，有点小失落的同时，她也感到很欣慰，觉得应该尊重他的隐私。

有一次，王雪飞正在屋子里写日记，听到外面有人敲门，便问道："是谁？"其实这是妈妈第一次在进儿子房间之前敲门，"是妈妈，我可以进来吗？""进来吧！"王雪飞一边收拾桌子上的日记本，一边让妈妈进来。

妈妈端了一杯牛奶，放在书桌上，看到儿子合起来的日记本，便笑着问道："怎么，又在写日记？"见妈妈问起，王雪飞"警惕"起来，立即告诫妈妈道："你可不许趁我不在家的时候偷看！"

见儿子严肃的样子，妈妈连忙保证："好，好，妈妈不会看的。其实妈妈小时候和你一样，也很喜欢写日记，将那些不想跟你外公外婆说的小秘密都写在上面，并且我还专门让你外公给买了一把小锁，将放日记本的抽屉锁了起来。"

见妈妈这么说，王雪飞连忙问妈妈："那有人偷看过你的日记没有？""当然没有，妈妈的抽屉都锁着，别人看到我锁着的抽屉，就知道我不想让他们看我写的日记。妈妈现在想想小时候真的很好玩，用一把小锁子就锁住自己的快乐，呵呵。"妈妈脸上的微笑更浓，让王雪飞也受到感染，笑起来。

"妈妈，我的日记里面也有很多快乐呢。"王雪飞对妈妈说道。"妈妈知道，其实妈妈心里面很想和你一起分享快乐，但是妈妈绝对尊重你

的隐私，不会偷看你的日记的！"妈妈很真诚地对王雪飞说。

听妈妈这么说，王雪飞想了想，说："我其实也想和妈妈一起分享快乐，那就给你看一篇我的日记吧！"

就这样，妈妈在尊重了王雪飞隐私的前提下，获得了他的信任，最大限度地走进王雪飞的内心世界。

其实很多小男孩所谓的"隐私"和"秘密"，并没有什么不可告人的，更多的是他们的一些心声和对世界的看法。男孩不愿意分享自己的秘密，其实是一种内心世界丰富的表现，另一方面也意味着他们从之前的懵懂幼稚走向成熟，已经开始思考生活，有了自己的主见，自尊心也在不断地增强。相对于同龄的女孩子来说，他们更想表现自己，证明自己。所以这个时期，爸爸妈妈应该允许男孩有自己的隐私，保留自己的秘密，并且给男孩更大的空间。

但是很多父母却没有意识到这一点，对这类事处理不当，导致男孩出现不信任情绪，有些男孩因为爸爸妈妈侵犯了自己的隐私而离家出走，更严重的甚至会产生轻生的念头。

智慧的家长应该这样做：

尊重男孩子的自尊心。很多家长总是想当然地认为孩子还小，所以在言谈举止上经常有意无意地忽视他们的自尊心。比如一些家长习惯在别人面前教育自己的孩子，不给孩子留面子，让孩子觉得很难堪；还有一些家长会将孩子之前做过的一些错事，当着孩子的面说给别人听，让男孩子感觉很别扭。这些做法都大大刺伤男孩子的自尊心，不仅达不到最初设想的教育目的，反而会激起男孩的逆反和憎恨，在之后的日子里故意采取敌对的姿态。

尊重男孩子的独立人格。家中的男孩再小，也有自己的独立人格。教育心理学家认为，尊重孩子的人格是教育孩子的一个最重要前提。现实正是如此，男孩都不喜欢那些动辄打骂的家长，而那些能够尊重孩子人格的家长则很受欢迎。

尊重男孩子但不迁就他。家长应该明白的一点是，尊重男孩子，意味着尊重他的隐私、尊重他的独立空间、尊重他表达自己意愿的权利，但是绝对不代表要迁就他不合理的要求。假如爸爸妈妈掌握不好这个"度"，迁就了男孩，有可能让他进一步"得寸进尺"，反而使尊重失去意义。

一道数学题的答案

一个真正的男子汉，不管外在的压力有多大，他都始终坚持自己做人的原则。这就要求家长在教育男孩的过程中适当放手，让孩子自己去承担责任，经历风雨，逐渐成长。在这个基础上，父母注意培养男孩的坚持原则的意志，让他成为一个有主见有原则的小男子汉。

春阳是个很调皮的小男孩，今年九岁，人长得很高大，和妈妈站在一起，头已经"够得着"妈妈的肩膀了。但是让妈妈比较头疼的是，春阳很没有自己的原则，用爸爸的话说那就是一根"墙头草"，看到哪边占上风就倒向哪边。

有一天，春阳在自己房间里做数学题，妈妈在客厅看电视。没过多久，春阳拿着作业本从房间出来找妈妈，说："妈妈，你看看我这道题做对没有。"妈妈接过春阳递来的作业本，看上面的习题。妈妈发现春阳已经做出了答案，而且所用的方法很巧妙，也许就是因为这样他才显得有些犹豫。

妈妈没有立即告诉春阳对还是不对，而是问春阳："儿子，你都做出来了，你觉得自己做得对不对呢？"春阳犹豫一下，说："我觉得对，我都是按照老师教给我的方法做的。"妈妈故意问春阳道："你确定自己做得对？"春阳很坚决地点了点头。妈妈再次问春阳："你真的认为自己做的答案是正确的？"见妈妈又一次询问，春阳想了一下，说：

"应该是对的。"妈妈暗自好笑,再一次问春阳:"儿子,你确定自己做得真对?"见妈妈三番五次地问,春阳这次改口说:"不对,我觉得自己做错了!"

妈妈心想,这孩子,就是没有自己的原则。妈妈对春阳说:"儿子,其实妈妈刚才是试探你的,你的答案很对,方法也很巧妙。但是妈妈发现你不能坚持自己的原则,当妈妈怀疑你的时候,你就动摇了,这一点很不好。"春阳小脸一下子红起来,说:"我听你问了几次,还以为自己做错了呢!"妈妈拉着春阳的手说:"儿子,你要记住,从现在开始,你要懂得坚持自己的原则,认为对的就坚持到底,不要因为外在的环境和压力而放弃自己的主张。做题是这样,做事情也是这样。"春阳点着头说:"妈妈,我记住了。"

一位哲人曾经说过,一个没有原则和没有意志的人就像一艘没有舵和罗盘的船一般,他会随着风的变化而随时改变自己的方向。由此看来,人不能失去原则,失去原则,也就失去衡量对错的标准,想要自立也就难如登天。成人如此,男孩更是如此。

因此,家长要引导男孩懂得如何去判断,什么是对什么是错,对的就要坚持下去,而错的就需要去改正,在拿定主意之后懂得去坚守自己的原则。这样,男孩子才能在今后的人生中独当一面,做自己认为正确的事情,而不是周围的人一有不同声音就犹豫退缩,不敢面对,更不敢坚持。具体来看,家长应该这么做:

首先,让孩子明白自立并不是朝令夕改。家长需要在生活中教育孩子,做出决定之前深思熟虑,决定做出后坚持到底,认定的事情不轻易改变。当男孩学会做出正确判断并坚持下去时,他就确立了自己的是非观念,在坚持原则时就有了底气。

其次,要让男孩子明白,真正的自立是从思想上开始的。家长在家庭教育中应当为孩子灌输一种自信意识,让家中的男孩坚信自我,坚持原则。最重要的是,让他们明白想要获得真正的自由和独立,必须首先

从思想上独立,坚持自己认定的,做自己喜欢的事情。

"非诚勿扰"风波

穷养男孩,家长要给予男孩独立的空间。男孩都希望拥有一个自由的空间,这是他们与生俱来的天性。但是很多父母在家庭教育中却忽视这一点,对男孩的活动动辄干扰,对男孩的意见动辄否定,让原本属于男孩的自由空间逐渐缩小。这样的做法最终限制了男孩子的身心发展,不利于他们的成长,甚至给他们的心灵留下难以磨灭的伤害。

庄旭今年上小学四年级,自我意识越来越强,自己做事的时候不喜欢爸爸妈妈的打扰和干涉。最初的时候,庄旭洗澡都是妈妈在一边帮忙的,可是突然有一天,庄旭却非要自己独立完成,再也不让妈妈在自己洗澡的时候帮忙。而且除去洗澡外,妈妈还发现庄旭身上有了一系列的变化,比如上厕所的时候会把门锁上,自己桌子上的东西不允许妈妈乱动,甚至连他的玩具也不许妈妈收拾。对庄旭身上的这些变化,妈妈表示理解,她知道儿子长大了,自立意识越来越强,非常渴望有自己的独立空间。

一天晚上,吃完饭后庄旭就走进自己的房间写作业。过了半小时,妈妈热了一杯牛奶打算给他送去,但是走到门前的时候,却一下子愣住了。庄旭房门上不知道从什么时候开始贴了一张小纸条,上面写了四个大字:"非诚勿扰"。看着这四个大字,妈妈哭笑不得,儿子这是要彻底"闹革命",什么叫"非诚勿扰"呢?妈妈想了半天也没有想出个所以然,只得放弃送牛奶的打算。

等到爸爸回来后,妈妈连忙跟爸爸说起这件事情。爸爸觉得庄旭将自己反锁在屋子,让人很不放心,非常生气地对妈妈说:"这小子难道想造反,还写了个'非诚勿扰',他以为自己相亲呢!"

听爸爸这么一说，妈妈反而被逗乐了。其实爸爸的担心妈妈是了解的，庄旭屋子里面有电脑，还有很多小人书和玩具，他不让爸爸妈妈打扰他，将自己反锁在里面，谁知道他是不是偷偷地玩电脑或者看小人书呢。要是真这样，时间长了岂不是耽误了学习。但是妈妈觉得儿子这么做虽然有些极端，但是表达了他想要一个自由空间的愿望。所以妈妈对爸爸说："他长大了，需要一个自己的地方，我们为何不尊重一下他。"妈妈将自己的想法跟爸爸交流了一下，爸爸点头，觉得可行。

接着，妈妈将庄旭从房间里叫了出来，对他说："爸爸妈妈觉得，为了保证你学习时不受打扰，你可以在写作业的时候将这个纸条贴上，但是你不能将屋门反锁上，要是有什么急事，爸爸妈妈怎么进去呢？"

庄旭想了想，说道："这样也可以，但是你们要是想要进我房间，必须先敲门。"爸爸妈妈等的就是儿子的这句话，这样一来既给他保留了一个自由的空间，自己也能有一定的监管权利。

于是庄旭的房间此后彻底成了他的"独立王国"，在写作业的时候爸爸妈妈是绝对不去打扰他的。平时进去也需要敲门"请示"，得到允许后才能进去。

很多家长总是习惯性地去管教男孩，想方设法地让他们在自己眼皮底下活动，千方百计地限制他们的自由。却不知道这样的做法会让男孩觉得自己如同木偶，每个行动都不由自己做主，很容易让他们在心理上产生压抑感。

其实，家长可以借鉴庄旭父母的做法，多给孩子一些自由和空间。具体来看应该这样做：

要相信男孩能够做好自己的事。很多家长之所以不肯给孩子自由空间，最根本的原因还是在于不相信男孩的能力，不想放手。其实，不放手，男孩就永远得不到锻炼。男孩年龄虽小，但他们有自己的思维方式，渴望一个属于自己的空间，安静地做事，不受打扰地思考。

不过多干涉男孩子的自由。有一些家长比较霸道，假如孩子不按照

他们的意愿做事，他们就会大发雷霆，甚至采用"威胁"的方法来逼迫男孩就范。这样做虽然能够暂时让男孩子服从，但是却在很大程度上激化了他们的逆反心理。随着年龄的增长，男孩对自由的渴望也会越来越强烈，也许他们有自己的计划，并不需要家长进行过多的干涉。

卡通画像和补习班

穷养男孩，父母要学会适度放手，让男孩做自己想做的事情。很多父母之所以不将做事的权利下放，是因为对男孩不太信任，害怕他们会做出一些"出格"的事情。其实这样的担心完全是多余的，甚至是有害的。

其实男孩的世界是非常单纯的，即使他们遇到什么问题，他们也有一定的处理能力，家长没有必要兴师动众，忙前忙后。这样做不仅锻炼不了孩子，会让孩子失去自主能力，也会惹得孩子不高兴，激化彼此之间的矛盾，把事情越弄越糟糕。

小江的小房间一向是属于他自己的空间，妈妈从来不会刻意地去给他收拾。房间中所有的事情，妈妈都放心地交给小江自己做，比如书桌、抽屉、窗台、墙壁，等等，不管里面装什么，上面贴什么，妈妈都不会干涉。

有一次，小江放学之后拿回家一幅很大的卡通画像，说是在文具店里花了五元钱买的，想要挂在家里的墙上，问妈妈允许不允许？妈妈回答道："只要是贴在你的房间就好，贴不贴，贴在哪儿，你自己做主，妈妈不干涉。"听妈妈这样说，小江高兴地跳起来，飞快地跑回自己房间贴画去了。

妈妈对小江一向如此，只要是放在孩子房间的东西，乱也好，脏也好，妈妈不会替他整理，也不会责怪他。要是屋子太乱，妈妈会提醒一

下:"儿子,房间自己收拾一下。"小江就会主动收拾。

还有一次,小江对妈妈说:"妈妈,我可不可以周末不去上补习班?"妈妈知道小江对补习班并不感兴趣,与其强迫他上自己不感兴趣的补习班,不如让他自己做主,在周末做些自己喜欢的事情。想到这儿,妈妈就问小江:"上不上你自己做主。"小江向妈妈再次确定道:"真的吗?我自己能做主?""真的,儿子,你能做主。"妈妈很确定地说。最终小江选择了放弃上补习班,而是约几个小伙伴一起去图书馆看书,增长了不少知识。

现实生活中,很多家长将家中的男孩照顾得很周到,从早晨起床到吃早餐、上学、回家、做作业等,只要能够想到的,都会替男孩办好。从表面上看,这可能是一种关心,但是男孩不一定喜欢,长此以往会产生依赖性。

有的男孩兴趣爱好明确,志向坚定,对一些事情心中早已经有了打算,他们更希望自己做主并得到父母的支持。家长要认识到孩子的需求,不要轻易为孩子做决定,给孩子更多的选择机会。

一方面,要让孩子正确认识自己。家长有必要帮助男孩全面地认识一下自己,如个性、爱好、习惯等。孩子只有认清了自己,才会做出正确的取舍。很多家长觉得自家孩子没有什么特别突出的兴趣,今天做这个,明天做那个,其实之所以这样,还是因为在平时爸爸妈妈管得太多,忽略了孩子自己的兴趣。

另一方面,要尊重孩子的选择。家长在男孩子自己做主的时候,应提供一些相关的信息,帮助他们分析情况,让男孩在选择的时候尽可能地考虑周到。而且最好跟男孩说明白,假如选择错了,自己就要负责。其实很多时候,即使男孩子的主张最终被证明是错误的,对他们来说也是一次可贵的教训,是成长道路上的一次磨砺。

充满爱心的慈善拍卖会

在智慧的父母看来,穷养男孩就是让孩子学会独立,这是给予男孩最好的教育。父母虽然可以帮助孩子做一时的事情,但是却不能帮助孩子做一世的事情。尽早放手,让孩子在自己的能力范围内做事,尽早面对社会、融入社会,才是穷养男孩的最好方式。

所以在男孩的成长历程中,独立教育是必不可缺的,宜早不宜迟。爸爸妈妈在支持男孩的意愿,帮助他们圆梦的过程中,可以退居二线,做好一个参谋的角色,让男孩走到一线当"掌柜",锻炼男孩独立做事的能力。

严松妈妈是一名教师,一直很注意严松的独立教育,希望他能尽早地学会独立。严松是个有爱心的孩子,每次外出,看到路边那些乞讨的人,总是想帮助他们,他向妈妈要钱,一元也好,十元也罢,拿到手后转身投进那些人的乞讨罐子里。其实严松不仅喜欢帮助街上的乞丐,在学校他也喜欢将自己的零食分给那些家境不怎么好的孩子,买东西的时候遇到上了年纪的爷爷奶奶,他在结账的时候也会多付一些钱。

其实在妈妈看来,严松花出去的那些钱并不重要,但是严松必须要明白一个道理:人是要自食其力的,那些乞讨的人需要自立,他也需要尽快地独立。当然,想要严松明白这个道理并非一朝一夕的事情。

有一次,严松学校里举办慈善捐助活动,筹集到的钱款将捐助给贫困地区的小朋友。吃晚饭的时候,严松便对妈妈说起这件事,并伸手问妈妈要钱。这一次妈妈没有立即给他,而是有了一个想法,借此机会让严松学会怎么独立。

"宝贝,妈妈觉得帮助别人是一件很值得肯定的事情,但是妈妈问你,不劳而获的人能生活得幸福吗?"妈妈这样问严松。

"当然得不到幸福,不劳而获是非常可耻的,不是什么好事情!"很显然,严松对"不劳而获"这个成语的意思理解得很到位,他表达的情感也很真实。

"那你呢?现在上小学,还不能自己挣钱,但是却总是向我们要钱,算不算不劳而获?"妈妈笑着问严松。

严松显然没料到妈妈会这么发问,他搔了搔头,想了一会儿说:"钱是爸爸和妈妈的,我是你们的儿子,花你们的钱不算不劳而获吧?"

"那假如你想帮助别人,你自己又能赚到钱的话,你肯定不算。但实际上,你却要花我们的钱去帮助别人,你再想一想,这算不算不劳而获?"妈妈继续问严松。

"可是我挣不到钱啊!"严松很郁闷地说。

"错了,你能挣到钱的!"妈妈很确定地告诉严松。严松有些迷茫,很好奇地看着妈妈。这时,妈妈便将自己一直酝酿的想法说出来,告诉他可以举办一场慈善拍卖。把他的玩具、漫画书之类闲置物品进行拍卖,还可以发动班里的同学一起行动起来,在学校里举办一场盛大的拍卖活动。这样就能筹集到很多钱,然后把钱捐出去,其意义就完全不同了。

当然,这样的活动绕不开严松的班主任,于是妈妈便给严松出了一个主意,让他将自己的想法以写作文的形式上报给班主任。班主任老师读了那篇作文后,夸赞严松的想法很好,上报给了校长。最终一场慈善拍卖活动在整个学校展开,并且最终取得成功。严松将自己珍藏的很多物品都带到学校拍卖,他还带回了一张"三好学生"奖状,因为作为这次活动的发起人,他得到了老师和同学的认可。

严松妈妈之所以费心费神地帮助严松策划慈善拍卖活动,最终的目的是让严松明白独立的重要性。一个人想要办好一件事情,就必须首先要具有独立的意识,同样的道理,想要获得幸福的生活,也离不开自立自强的理念。值得庆幸的是,严松妈妈意识到了这一点,在家庭教育中贯彻了这一理念。

可见，穷养男孩的关键在于引导男孩独立，而引导男孩独立最有效的方法就是将男孩推到"前线"，让他们在自己能力范围内行动起来，亲自动手解决问题。在这个过程中，父母的角色是"谋士"，而不是"将军"。男孩能够做好的事情，家长要鼓励他自己动手，假如事情超出了他的能力范围，家长则可以出面进行协调，帮助男孩完成。

总之，让孩子独立，最简单最直接的一个方法就是让男孩子动起手来，直面自己的生活和学习，尽早地参与到社会事务中来。一个具有独立精神的男孩长大后不仅敢于做梦，而且勇于面对、敢于实践，更容易成功。

周末变身"洗车勇士"

在陪伴男孩成长的日子里，很多父母总会明确地告诉男孩应该怎么做，希望男孩子尽早地独立。这种方法有一定效果，但是却过于强调父母的角色，使男孩在这个过程中处于从属位置。其实真正的独立意味着，除了在父母教育引导下独立做事，男孩还需要自己去感悟，去摸索。

在男孩成长的过程中，智慧的父母会退居二线，将自身放在一个从属位置，鼓励男孩独立思考、解决问题。

"爸爸，咱们再快一点。"毛毛坐在副驾驶位子上很兴奋地催促爸爸。看着他手舞足蹈的样子，爸爸很开心。平时爸爸工作比较忙，很久没和毛毛一起出来玩。

刚刚下了一场雨，街道被雨水冲刷得很干净。毛毛毕竟是孩子心性，要求爸爸开快一点，这样他打开车窗就能感受到惬意的清风。

绕着公园转了一圈，回到家，妈妈看着车，眉头便皱了起来。刚刚

下了一场雨，车子在路上跑了一圈后有点脏，再加上毛毛要求看看美景，爸爸带着他驶过一段泥泞的小路，这样一来车子变得更脏了。

爸爸见毛毛妈妈有要发脾气的迹象，便连忙知趣地对毛毛喊道："来，儿子，咱们一起给车洗个澡，你看它跑了一圈，外面都脏了。"

"好。"儿子回答得很干脆。

于是爸爸将平时浇花用的水管拉了过来，接到水龙头上开始给车洗澡。毛毛则很乖巧地拿出了一块毛巾，仔细地擦着车窗。

"你擦洗的方式不对，爸爸教你。"爸爸看着毛毛的动作，觉得效率很低，既费工夫又很难擦干净。"不用，我自己知道怎么做。"毛毛拒绝了爸爸。

"你第一次擦车，不知道怎么擦才最省劲。爸爸教你好的方法这样你才能做好，你把毛巾给爸爸，爸爸给你示范一下好不好？"

"不要！"毛毛回答得很坚定，也很有信心。

于是爸爸便不再坚持指导了，站在旁边看毛毛慢慢地擦洗着车子的每一个部位。爸爸负责擦洗车顶，毛毛则将车头到车尾都承包了，他擦洗得虽然慢，但是却很有顺序，和妈妈平时做事的方式很像，做什么都井井有条。爸爸觉得很奇怪，不知道毛毛从哪里学习的，爸爸也记不得妈妈在什么时候向毛毛传授过技巧。毛毛不仅用水将车身冲洗了一遍，还知道用干燥柔软的毛巾再轻轻地将车身擦拭一遍，动作越来越娴熟，最终的"成果"也让爸爸惊讶万分，他做得很好，将车身擦洗得很亮。

"儿子，你怎么知道这些的，做得很棒啊！"爸爸夸奖毛毛道。在爸爸的意识里，毛毛还是个小孩子，但是今天看来毛毛已经可以独立地完成某件事了。

"以前你和妈妈擦车的时候我经常看，知道怎么做。"毛毛说。爸爸真的很惊讶，也感到非常欣慰。

在男孩的成长之路上，很多事情需要去学习，但不一定非要有老师在一旁指导。男孩在自我学习的过程中会慢慢长大，最终学会独立面对

这个社会，领悟生活的真谛。

因此，父母应放手让男孩独自做事。想要让男孩在摸索中变得越来越独立，首先要给男孩独立做事的权利。在生活和学习中，爸爸妈妈要大胆地放手，不管什么事情，只要男孩不开口求助，爸爸妈妈便可以装作看不到，听不到，不去做什么指导。因为独立探索也是男子汉自强自立的一个必不可少的过程。

再者，父母要支持男孩的想法。当男孩子提出自己的想法时，不管他的想法听起来如何幼稚，父母都要全力支持。只有这样，男孩在做事的过程中才会不停地探索，不断地矫正，这个过程本身就是一个独立的训练。当然，爸爸妈妈在这个过程中可以适时地加以引导，帮助男孩克服一些能力范围之外的困难。

总之，爸爸妈妈要放开手，大胆地让男孩子自己去尝试，去摸索。只有这样，男孩子才会真正懂得如何独立做事，如何克服困难。

在浴室哭泣的男孩

对于家长来说，不管怎么舍不得，总有一天也要把男孩送出家门，因为他们终将长大，去过自己的生活。但是，这些男孩真的具备生活的基本技能吗？

被宠溺惯了的男孩，衣来伸手，饭来张口，几乎没有什么机会锻炼生活技能，将来走上社会，也是一个"巨型婴儿"，连自己的生活都照顾不了，更谈不上事业有成了。

因此，穷养男孩，要教给男孩基本的生活技能。父母该放手时就应该放手，让男孩自己尝试去做，也许会失败，会把家弄得一团糟，但是只有这样，他们才能更快成长起来。

薇薇是高中老师，她的儿子上五年级，因为被姥姥照顾得比较多，

成了十足的小懒虫。薇薇看在眼里急在心里。

一个周末，儿子跑到薇薇房间，说："妈妈，给我剪指甲，今天老师说我了，说这样不卫生。"薇薇头也不抬，说："你都这么大了，自己剪！"儿子直截了当地说："我不会。"这时，坐在客厅的姥姥说："我剪，我剪。"薇薇觉得这是一个机会，趁机教导一下儿子，同时让姥姥明白，不能过于溺爱孩子，什么都为他做。

于是薇薇冲着客厅的姥姥说："您能给他剪一时，能替他剪一辈子吗？"姥姥沉默了，儿子也若有所思。这时薇薇让儿子坐在身边，说："我给你讲一个我学生的故事吧。这个男孩学习成绩一直很出色，之后成功地跨过高考独木桥，迈进自己心仪大学的校门。开学那天，爸爸妈妈陪同他来到学校，替他报到注册，之后又帮助铺好床铺，挂上蚊帐，将全部的生活必需品置办齐全。很快，爸爸妈妈要走了，离别时千叮嘱，万交代，对儿子一百个不放心。果然，在爸爸妈妈离校不久，儿子的麻烦事就来了。晚上他去学校的浴室洗澡，全身淋湿后才发现忘带洗涤用品和替换的衣服，这些事平时都是爸爸妈妈负责的，现在离开家，没人帮他做了，接下来他不知道怎么洗下去，又想不出擦干身子的办法，最终在浴室哭起来。"

儿子认真地听这个故事，一言不发。薇薇这时问儿子："你愿意做那个在浴室哭泣的男孩吗？"儿子小声地说："不愿意。""那你应该怎么做？"儿子拿起指甲刀说："我要学自己剪指甲，让姥姥教我。"说着走出房间。

这件事以后，姥姥有了改变，薇薇的儿子变化也很大，开始自己学着洗毛巾、洗袜子、收拾书包，自理能力强了很多，再也不是原来那个小懒虫了。

薇薇讲的这个故事相信令很多爸爸妈妈的心不能平静。那个在老师眼中一直品学兼优的男孩，第一天走进企盼的大学校门后，感受到的不是欣喜，而是不能独立生活的彷徨与悲哀。这是他自己没有想到的，也

是他的父母没有想到的。可见对于一个男孩子来说，没有基本的生活技能，有朝一日需要自己生活的时候，将会多么笨拙和无助。

那么，该怎样培养男孩独立生活的能力呢？

首先，要教给男孩基本的生活技能。生活技能来源于生活，只要放手让男孩去做，他很快就可以掌握。有的家长认为男孩是做大事的，不忍心让男孩做一些洗衣洗碗的小事情，岂不知"一屋不扫何以扫天下"，没有基本的生活技能，在社会上寸步难行，何谈成功。

其次，舍得让男孩吃一些苦头。让男孩独立生活一段时间，比如去参加夏令营，他们就会领悟到生活并不是那么容易的一件事，意识到掌握生活技能的重要性，从而尝试去做，最终掌握独立生活的能力。

第六章
穷养男孩的基础是让其懂规矩

挤出来的尴尬

穷养男孩，除了要男孩吃苦和独立之外，还要让男孩重视规矩，敬畏规则。崇尚自由是人的天性，但是在这个世界上，绝对的自由是不存在的，正所谓"无规矩不成方圆"，一个人想要顺利地融入社会，就必须要适应社会环境，而规则是社会环境的重要组成部分。所以，穷养男孩，爸爸妈妈要尽早地引导男孩树立起尊重规则的意识。

一个年轻的妈妈带着她八九岁的儿子在逛超市。妈妈走到摆放水果的地方，看到很多人都围在一起挑选特价橘子，也想买一些，便对身边的儿子说道："你快去挑一些，捡个头大的，皮儿黄的，妈妈去那边拿购物袋。"看着围起来的"人墙"，小男孩有些不知所措地站在旁边，当妈妈拿来购物袋的时候，他还站在人群后面没挪动地方。

妈妈看到后不满地责备道："你还站在这儿做什么，不是让你先去挑橘子么？"男孩子指了指围在前面的人群，对妈妈说道："人太多，咱们等一等，人少的时候再去。"

男孩的妈妈用手指头戳了一下儿子的额头，说："你这孩子怎么这么老实，人多你挤进去不就行了，等别人都走了，好橘子都没有了！"男孩的妈妈说完就拉着男孩一个劲儿地往人群里面挤，眼里只有橘子。

很快，周围的人便有些不满了，有一个老奶奶说："别挤，要排队，有个顺序才好。"听老奶奶这么说，小男孩的脸一下子红了起来，他看着妈妈，不知道说什么才好。但是他的妈妈却充耳不闻，自顾自地挑拣着橘子，看看这个，捏捏那个，看不顺眼的就扔到一边，有的不小心被扔在了地上。

男孩子想要捡起来，但是周围的人太多，挤得他连腰也弯不下。无奈的他只能提醒妈妈，想要妈妈捡起来。但是没想到妈妈却理直气壮地告诉他："超市那么多服务员呢，还用得着你去捡？快过来帮妈妈挑橘子，傻站在那里做什么！"于是小男孩便放弃了捡橘子的念头，挤到妈妈身边帮着挑橘子了。

挑完之后，男孩的妈妈来到称重处，看着长长的称重队伍，弯腰对男孩说道："儿子，你拿着橘子去前面找个人帮你先称一下，你还小，别人是不会说你的。"男孩显然不愿意按照妈妈的话去做，低头摆弄着衣角。这个时候妈妈催促道："快去啊，这么多人咱们要是排队的话要等到什么时候啊，你不是说一会儿去动物园玩吗，别耽误时间。"听妈妈这么说，小男孩只得扭扭捏捏地走到了队伍的前面。

服务员见到男孩年龄小，拿着一大袋橘子很吃力，便先给他称了。这样小男孩显得更加不好意思，将称好了的橘子重重地放在了妈妈的手上，噘着嘴跑开了。男孩子的妈妈却得意地嘀咕道："这孩子还是缺少锻炼，脸皮太薄。"

母亲自己不守规矩，还要"教导"自己儿子破坏规矩，这么做的次数多了，小男孩也会由最初的抵制变为习以为常，不会再将规矩放在心中，那么这个世界上便又多了一个漠视规矩的男孩。假如小时候就对规矩视若无睹，那么很难想象男孩长大之后会是一个遵守规矩的人，而不遵守规矩，也许能够暂时获得某种便利，但时间长了，最终会被周围的人所厌弃和孤立。

其实教育家中的男孩子守规矩并不是什么困难的事情。

首先，家长要以身作则，遵纪守法，处处时时为男孩子树立一个正面的榜样。现实生活中，有很多家长都有意或者无意地忽视这一点，比如带着孩子出门不遵守交通规则，乱穿越马路，闯红灯，翻越栏杆……这样就让男孩子一步步走向规矩的对立面。年龄大点的男孩子有了自己的是非观

念，可能觉得自己爸爸妈妈将规则视若无物，人品有问题，这样的话，父母在孩子眼中的权威性势必大打折扣，想要再教育男孩将变得千难万难了。

其次，在家里为孩子制定必要的规则。男孩在学校里，势必被要求遵守各种规则，但是一回到家，就变得自由散漫。家长可以在家里制定一些规则，比如在家里保持好整洁有序的环境，不要将玩具四处乱扔，午休时间说话要轻声慢语，等等。这样男孩就会习惯守规矩，对规矩充满敬畏。

如何改掉磨磨蹭蹭的坏习惯

有的家长觉得，给男孩子立规矩越多越好，这样才能根治他们的坏毛病。但事实上，制定的规矩过多，男孩子可能记不住，执行起来反而效果不好，从另一方面看，他们还可能会因为方方面面的限制而产生厌烦甚至逆反情绪。

所以智慧的家长会针对男孩子经常犯错误的几个重点立下规矩，这样才能收到良好的效果。

诺诺十分顽皮，做事经常故意磨蹭，拖来拖去，没有什么时间观念。最让妈妈头疼的是，诺诺是个起床"钉子户"，每天早上起床总是慢悠悠地，别人一口气能完成的动作，他却要花上几分钟才能做完。

于是妈妈给诺诺定了一条规矩：每天七点半之前必须穿好衣服。一天，诺诺起床后又像以前一样开始慢悠悠地穿衣服。妈妈在一边看得心急，催促他道："儿子，快点儿，不然上学要迟到了。""哦，知道了，我马上就穿好。"诺诺嘴上这么说着，但是动作丝毫没有加快，依旧慢腾腾地穿着衣服，整理着自己的袜子。

妈妈看着非常恼火，便再次催促道："你忘了之前咱们定的规矩了？你看看现在都快八点了，你还没穿好。快点穿，不然妈妈自己就先上班去了，你自己去学校。"谁知道诺诺却说："你去吧，我坐爸爸的车去学校。"

妈妈笑起来，说道："妈妈不仅给你定规矩，也给爸爸定了规矩，爸爸七点半穿好衣服已经开车上班去了。"诺诺一听着急起来，感觉再不穿好衣服这次真的会迟到，于是立刻跳下床，将身上的衣服整理好，跟着妈妈出门了。

之后妈妈每天都用"七点半必须穿好衣服"的规矩提醒诺诺，一个月后妈妈发现诺诺起床积极了很多，基本上都能在七点半之前将衣服穿好。而且让妈妈高兴的是，诺诺其他方面拖拉的毛病也有所改观，整个人都干练勤快起来。

抓住主要矛盾，次要矛盾也就随之解决了。诺诺妈妈正是意识到了这一点，抓住诺诺起床穿衣服拖拉这点，给他立规矩，让他慢慢改变。当诺诺改掉了穿衣服拖拉的习惯，其他方面也有了改观。最终的结果是，诺诺起床快起来，做事也不再磨磨蹭蹭。

由此看来：规矩不在多，而在精。给家中的男孩子立规矩之前，家长最好先观察一下男孩子，分析一下他们的行为习惯，有针对性地给他们立下规矩。有些家长发现男孩子身上有很多坏习惯，于是便一口气给男孩子立下了十几个甚至几十个规矩，让男孩子熟读背诵下来。其实这样做，效果不一定好，要知道改变男孩的行为习惯并不是一朝一夕的事情。假如规矩立得太多，反而适得其反，甚至让男孩子产生叛逆情绪，故意作对。

另外，立规矩要抓住孩子的性格特点。比如，男孩特别喜欢看动画片，每天放学回家之后总是要控制住遥控器，看一个他喜欢的动画片，家长可以制定了一个规矩：先将作业做完才能看动画片。这样，男孩为了看自己心爱的动画片，做作业就会不再拖拉。

在约定的时间内玩游戏

教育家蒙台梭利曾经说过："真正自律的品格不是来自于严加控制

和惩罚,而是来自于尊重和自由。"由此可见,在穷养男孩守规矩的过程中,爸爸妈妈首先要做到尊重男孩,平等相待,其次要引导男孩子认同规矩,学会自律,在生活和学习中自我约束。也就是说,男孩遵守规矩最好出自他们的内心,而不是迫于外界的压力。

所以在男孩的成长过程中,父母要将穷养的重点锁定在自律意识的培养上,将其作为守规教育的重点,让男孩尽早明白规矩的重要性,并且在此基础上自觉地遵规守纪,能够在爸爸妈妈的视线之外表里如一,始终重视规矩、敬畏规矩。

爸爸一向严格控制刘亮使用电脑的时间,平时不让他用,除非在爸爸妈妈的陪同下,刘亮才能在电脑上看动画片或者玩玩游戏。那天爸爸带着刘亮去叔叔家玩耍,他和堂弟打开电脑玩游戏,整整玩了两个小时。当爸爸带着他回家的时候,刘亮还恋恋不舍地和堂弟约好周末再一起玩游戏。

回到家之后,刘亮似乎意犹未尽,吃过晚饭后便跟着爸爸进了书房,缠着爸爸打开电脑在网上找一找那款游戏。爸爸想了想,难得周末,让他再玩一会儿也无妨,但是爸爸有一个小要求:只能玩半个小时。刘亮一听就不乐意了,觉得半小时太短,非要延长到一小时。

爸爸听了刘亮要求后的第一反应就是不给他找游戏,但是转念一想,这也是一次试探刘亮对规矩认同与否的机会。于是爸爸便给刘亮一个选择的余地:"这样吧,假如你想和爸爸一起玩游戏的话,那么只能玩半个小时;假如你非要玩一个小时,那肯定会伤眼睛,而且还会耽误写作业和睡觉的时间,爸爸就要将玩游戏的机会取消,你连半小时也没有了,怎么选择你自己想想吧。"听爸爸这么说,刘亮没有再耍赖,而是思考起来,显然他在衡量违背规矩的成本。

想了一会儿,刘亮便对爸爸说道:"爸爸,那咱们就玩半小时吧。"爸爸点头答应了他,看来刘亮做出了最有利于自己的选择。于是爸爸和刘亮挤在电脑前开始找那款游戏,找到之后玩得不亦乐乎,不时会因为

对方的失误而大笑。

转眼间半小时的约定时间到了，爸爸提醒刘亮，让他将电脑关掉。虽然刘亮很不情愿，但是因为之前有约定，所以他还是照做了。

大部分男孩都想自由自在，不受规矩约束，家长制定规矩时为他多设置几个选择，他便会自己思考决定，并最终明白遵守规矩的选择才是对自己最有利的。家长不要想当然地认为男孩还小，应该事事限制，其实他们已经可以独立思考问题了，也可以做出正确的选择。虽然有时候还需要父母给男孩讲清楚利弊，但是这并不能成为父母不信任他们的理由。

家长应该给孩子一定的自由，让他学会自律。因为，孩子如果迫于家长的权威或者外在的压力而不得不暂时遵守规矩，当家长不在或者外界的压力消失时，男孩子还会现出原形，照样视规矩为无物，甚至变本加厉地违反规矩。只有男孩学会自律，规矩才能发挥规范男孩言行的作用。

当然，给孩子自由并不等于完全放任他们，所谓的自由必须有一定规则的约束。在孩子小的时候家长应灌输一定的规矩条文，让男孩子自小就学会明辨是非，知道什么应该做，什么不该做。在这个过程中家长需要有足够的耐心引导男孩，这才是维持规矩的基本原则。

总之，智慧的父母让男孩明白遵守规矩的必要性时并不会强硬地要求他做什么，而是通过实例或者活动让男孩自己去体会和选择，让他在思索和比较中知晓利害关系，加深对规则的了解和认知，最终培养自律精神。

定一条好的家规

中央电视台曾经提出一个很受欢迎的话题——您家的家规是什么？这个新闻节目一经推出，便在社会上引发了巨大的反响，为什么"家规"这个话题这么受重视和欢迎呢?一个重要的原因就是随着社会经济的快速发展,传统的家规意识越来越淡化,人们的内心深处对家规的回归期盼也越来越强烈。现在很多家长,尤其是一些年轻的家长,缺少家规意识,对孩子的成长也没有什么好处。

家规其实可以分为两类。一类是针对整个家庭的,可以看成是整个家庭行为的一个"公约",家庭中的每个人都要遵守。另一类则是特别针对孩子的,是父母用来约束孩子的规则,带有一定的强制性。针对孩子的家规一般而言要适合孩子的年龄特点,不能成人化。对任何一个家庭来说,家规的存在是非常必要的,这是孩子认识规则和法律的基础。

自从岩岩上了小学,爸爸和妈妈觉得有必要强化岩岩对规则的认知,制定了一个"远离电视"的家规,但是在执行的时候却遇到了阻力——岩岩总是趁爸爸妈妈不在家的时候偷偷地看电视。为此爸爸妈妈没少教育岩岩,但是没什么效果,"远离电视"的家规在岩岩眼中似乎一点效力也没有。

有一次,爸爸和朋友一起吃饭。有孩子的人聚在一起话题自然就离不开养育儿女的苦和乐,爸爸和朋友很自然就说起来孩子的教育问题,朋友说:"要说教育孩子的辛苦,我可是深有体会,我们家已经三年没有电视看了!"

爸爸听了之后很好奇,连忙问朋友:"你儿子会自己开电视了吧,难道他不会趁着你们不注意的时候偷偷地开电视?现在的小孩子可喜欢看动画片了,怎么管也管不住。"

听爸爸这么问,朋友"哈哈"大笑起来,说道:"我家的电视在我儿子一岁的时候就送人了,那时候我和妻子商量着,都觉得小孩子看电视害处大,所以不想让他以后喜欢上电视机。但是电视机就放在客厅里,很多时候大人会看,儿子自然也会跟着看,最终狠了狠心,就把电视送人了!"

"那他和别的孩子玩耍的时候,大家都谈论超人、奥特曼、蜡笔小

新之类的,你儿子会不会什么也不知道,被别的小朋友排斥呢?"爸爸问。

"虽然家里没有电视机,很多动画片他都看不到,不过我们每天睡前都会给他讲故事。现在他可喜欢看书了,知道的明显比同龄的孩子多。"朋友说这话的时候脸上充满自豪。

听了朋友的话,爸爸很惭愧,生活中爸爸经常因为岩岩违反了家规而生气,训斥他不守规矩,不懂事。电视机的吸引力显然很大,爸爸斥责并不能完全阻挡电视机对岩岩的诱惑,却从来没有想过让家里的电视机永远消失。为什么自己没有朋友这种大觉悟呢,爸爸想来想去,觉得还是在于自己也喜欢看电视,在不知不觉中违反了家规,给岩岩树立了一个坏的榜样。

智慧的父母一定会制定几条切实可行的家规,与孩子一起遵守。要知道,每个人在成长过程中都有可能违反一些规矩,犯下一些错误,也可以说不犯错就不会成长。其实,家规并不能完全规范男孩的行为,他们也不可避免会犯错误,但是却能减少犯错误的次数。男孩在意识到犯错之后,改正过来,以后遇到同样事情不至于再违规,这就是一个成长进步的过程。

制定了家规,就要严格遵守。有的家长觉得男孩违反家规都是小事,后果也不是很严重,并不值得深究。但实际上,智慧的家长通常都会在家规上做文章,家规虽小虽琐碎,但是却能锻炼男孩遵规守纪的意识,让他对规矩尽早生出认同感,这样他长大之后不至于犯大错。

另外,家长扫除诱导孩子触犯家规的因素。有的家长责怪自家男孩是个电视迷,其实没有意识到自己的责任——是家长将电视带到了男孩的生活中,让他被里面的东西吸引,最终欲罢不能。

偶像也有做得不对的地方

男孩好奇心比较强,喜欢模仿一些人的行为,但是因为本身分辨是非的能力却不强,很容易模仿一些不良对象。所以在穷养男孩的过程中,父母需要引导男孩的模仿行为,帮助男孩树立起正确的是非观。

王博上四年级后,在爸爸的眼中就不算是小孩子了,一来他的个头追上了妈妈,有成人范儿,二来他的思想也相对独立,什么事情做还是不做,都能自己做主。

妈妈有时会要求王博帮着洗一下碗筷,如果王博想做自己喜欢的事,就直接说:"我没空。"然后镇定地走开。当然,王博偶尔也会心血来潮,主动帮助妈妈洗碗筷,但是在劳动后他必定会提出相应的要求。当王博有什么要求的时候,爸爸妈妈还是很重视的,总是耐心地倾听,对那些合理的要求,他们会尽量满足他。

四年级结束后的暑假里,王博经常和一群孩子在小区玩篮球,连午休时间也在外面大喊大叫,不仅妨碍邻居休息,有一次还砸坏了一楼邻居家的玻璃。妈妈把这些事情告诉爸爸,爸爸很恼火。平时爸爸妈妈因为工作比较忙,所以对王博的管教并不是很严厉,只是简单制定了几条家庭公约,为的是能够营造出一种处处皆规矩的生活和学习氛围,让王博自觉践行,但是现在看来,王博还是没有真正地了解什么是规矩。

爸爸认为王博痴迷篮球,还在小区"扰民",必有特殊的原因,只要找出来,有针对性地引导,王博对规矩的认识自然会变得更加深刻。

"为什么大中午在小区里玩篮球?"爸爸问。"因为喜欢啊,篮球太有意思了。"王博说完便跑回自己的房间。爸爸和妈妈仔细回想,想把王博这几天的行动轨迹摸清楚,最近去了什么地方,做了什么事情。之后便找到了问题的所在——前几天去邻居家串门,曾经和邻居家的小男

孩一起看过一部名为《灌篮高手》的卡通片。

爸爸妈妈专门观看了几集《灌篮高手》，期间两个人一直笑个不停，这部以篮球为主题的卡通片笑点频出，让爸爸妈妈差点将眼泪笑出来。不过爸爸觉得这部片子有些地方并不适合王博看，主角樱木花道缺少对规矩的敬畏感，很有才能，但是也很"特立独行"。王博正处于一个模仿能力爆发的年龄段，对规矩的认同感还有待提升，如果把樱木花道当成自己的模仿对象，自然就会做一些出格的事情。

爸爸觉得很有必要强化一下樱木花道遵守规矩的一面，让王博有目的地模仿他好的一面，这样才会让王博对规矩产生亲近感和认同感。

"儿子，先别出去玩篮球了，爸爸和你一起看《灌篮高手》好不好？"

"好！"王博喜出望外。

之后，爸爸将精心挑选出主角守规矩的片段给王博看，然后给王博解释规矩的可贵之处，什么地方需要学习，什么地方需要"跳过"。就这样，王博在欢乐和模仿中对规矩的认同感上升很多，因为他意识到不遵守规则可能会伤害别人，也会被别人嘲笑。

一周以后，王博的学校举办一个主题为"生活和规矩"的演讲比赛，王博将自己观看《灌篮高手》的切身体会写进演讲稿中，借此表达自己对规矩的理解，最终凭借着对规矩的深刻理解和声情并茂的演讲获得比赛的一等奖。

男孩具有强大的模仿能力，但是分辨能力不高。所以在日常生活中，家长需要及时地加以引导，将规矩教育巧妙地融入男孩的模仿活动中去，让他在模仿的过程中不知不觉地认同规矩，并最终自觉地制定行为规范，自发地遵守规范，这才是对男孩模仿能力的最大发掘和利用。

在这个过程中，爸爸妈妈可以有针对性地给男孩子讲述一些名人遵守规矩的故事，特别是男孩心目中的偶像是怎样遵守规矩的，目的是让他们明白，那些做出成绩的人无一不是遵规守纪。如此一来，男孩对规

矩必然会生出认同感，做事之前就会先想一想是否合乎规则，变得更加理性，更加明理守规。

比尔·盖茨的阅读规矩

做人有规矩，做事也有规矩。对男孩来说，做事拖拉是一种不良的生活和学习习惯。今天的事情做不完，推到明天，明天再推到后天，那么这势必会造成一个恶性循环，最终让男孩一事无成。

今天的事情一定在今天做完，哪怕要熬夜睡觉晚一点。纵观古今中外，有成就的人往往都能做到今日事今日毕。所以要想让家中的男孩子有所成就，那么就要在日常生活中为男孩制定"今日事今日毕"的规矩。

比尔·盖茨小的时候，他的家乡每年都要举办一场阅读比赛。比赛的主办方是当地的图书馆，只要阅读能力和背诵能力比较出色的人都可以参加。在这个比赛中，每次比尔·盖茨都能跻身前三名，甚至他还能将冠军奖杯领回家。

家乡的人因此将比尔·盖茨视为神童，但是却不知道他有着自己的小秘密。原来小时候的比尔·盖茨一直有着阅读的好习惯，在他九岁的那一年，就将《百科全书》看完了，十一岁那年则能背诵《马太福音》里面很多的段落。其实比尔·盖茨取得的这些成就都归功于他的外婆，因为外婆为他立了一条规矩，那就是"今日事今日毕"。

外婆每天要求比尔·盖茨背诵一定的名著段落，思考一些问题，完不成这些任务，就不允许盖茨玩。而小盖茨也一直按照外婆的要求，坚持将每天的事情完成。每当遇到困难时，他就告诉自己，今天的事情就要今天做完，因为在明天，还有更多的事情在等待着自己。在这样的不断训练之下，盖茨一天天成长起来，直到他成为商界领袖，也从来不会将今天的事情推到第二天。

成功之后,比尔·盖茨也时常告诫自己的子女,要求他们把握好今天,因为今天永远都是最重要的。

今日事今日毕,从某种意义上等同于将有限的生命不断延长,让我们能够利用好身边的每一分钟,做好手中的每一件事情。假如总是习惯性地站在今天望明天,却不知道明天的明天有多少,最终的"明天"便是人生的终点。所以,在穷养男孩子的过程中,爸爸妈妈要为他制定做事的规矩,帮助他养成"今日事今日毕"的习惯。

首先,家长要重点培养男孩的时间观念。因为没有时间观念的男孩子做起事情来总会拖拖拉拉,做一会儿玩一会儿,根本没有什么计划性,如此一来还何谈什么今日事今日毕呢?这样的男孩子长大后也不会重视规则,很难从始至终地做一件事情,更不用奢望成就伟大的事业。

其次,为男孩制定一个时间表。男孩子的时间观念相对女孩而言会差一些,比如当天要完成的作业总是拖到很晚才写,写完之后还要翻一翻漫画书,摆弄一下他的动漫卡片,爸爸妈妈不催促,他们从来不知道早点上床睡觉。假如爸爸妈妈因为有事回家晚了,他们就可能玩到深夜还不睡觉。结果第二天因为睡眠不足,上课打瞌睡被老师批评。所以,家长最好为男孩制定一个作息时间表,引导男孩按照时间表安排自己的生活和学习。

最后,要引导男孩有计划地做事。要想今日事今日毕,最好做事前制订计划,这样可以提高做事的效率。爸爸妈妈必须对男孩子强调的是,计划并不是可有可无的工序,从某种意义上来说,计划能够让每天的事情变得严谨有序,继而顺利完成。

逗醒妹妹之后

穷养男孩,就要让男孩明白任何事情都存在着因果关系:遵守规矩

导致好的结果，破坏规矩会引发坏结果。爸爸妈妈可以让男孩感受一下自作自受的滋味，通过让男孩承担破坏规矩产生的后果，使其在之后的生活和学习中学会三思而后行，遵守规矩。

袁超今年八岁，平时特别调皮。有一天，爸爸妈妈带着袁超和只有一岁的妹妹一起出门去郊外游玩。出门前，爸爸妈妈就对袁超约法三章，因为是出远门，所以袁超一定要听妈妈话，不能为所欲为，袁超爽快地答应了。

爸爸开着车，妈妈抱着妹妹和袁超坐在后面。在车里面，淘气的袁超显然有点郁闷，空间上的限制让他找不到乐趣，妈妈和他说话也是有一声没一声地应付。

后来袁超把目光落在妈妈怀中睡着的妹妹身上，一会儿扯扯妹妹的手，一会儿摸摸妹妹的脸和鼻子，招惹得妹妹睡不好。妈妈对袁超说："别招惹妹妹，妹妹在睡觉，你把妹妹招惹醒，你要给看着，不能去别的地方玩。"但是袁超不听，还是不停地拉妹妹的手，妈妈提醒他说："出门时说好了，你要听妈妈指挥，不然后果自负。"

但是袁超却没听进妈妈的话，最终还是把妹妹弄醒了。没睡好的妹妹一个劲儿地大哭，妈妈于是把妹妹放到袁超的怀中，说："你把妹妹弄醒了，你就要负责照看。"袁超一下子手忙脚乱起来，不管怎么哄，妹妹还是哭个不停。这个时候妈妈把妹妹抱到怀中安抚起来，等妹妹不哭了，又把妹妹放到袁超的怀抱中。袁超抗议道："为什么又让我看着妹妹？"妈妈笑着说："我们可是定了规矩的，你破坏规矩了，就得承担后果。把妹妹弄醒了，就要负责照顾。"

后来的结果可想而知，当妈妈和爸爸高高兴兴地铺好桌布吃冰淇淋的时候，袁超只有抱着妹妹旁观的份儿。有了这次教训，袁超明白破坏规矩会就要承担相应的后果，再也不敢轻视规矩了。

卢梭说："儿童所受到的惩罚，只应是他的过失所招来的自然后

果。"这也就是著名的"自然惩罚"法则,简单地说,就是让孩子体验到自己错误行为所导致的苦果,强化他们的痛苦体验。这一法则可以运用于男孩的规矩教育。

袁超妈妈正是运用了"自然惩罚法则",让袁超意识到破坏规矩就要承担相应的后果。相信从这之后,袁超破坏规矩前会先想一想结果是不是自己能够承受的,如此一来,必然会谨慎起来。

具体来看,家长应该这样做:

男孩违犯规矩后,家长要学会拒绝为其承担后果。很多时候,男孩子做错事,都会向家长提要求,让爸爸妈妈帮他"擦屁股",这个时候千万不能答应下来,要学会拒绝,如此才能让男孩子承担自己违犯规矩所造成的后果。

在男孩子及时弥补过错时,要给予表扬。男孩违犯规矩后,表现出负责任的一面,积极弥补过错,这时爸爸妈妈要及时地赞扬他,肯定他的这种行为。这个时候的男孩的内心是自豪的,爸爸妈妈的赞扬让他坚定遵守规矩的信念,在今后的人生中能够对自己的行为负责。

不和耍赖的孩子下棋

在这个世界上,规则存在于角角落落。考试有考试规则,比赛有比赛规则,做游戏有游戏规则,不遵守规则,就没有人陪你"玩"。

一个自由散漫的男孩,即使再优秀,不遵守规则,也是很难在社会立足的。试想,考试作弊、比赛耍赖的男孩,能成为有用之材吗?

穷养男孩就要让男孩懂得,世界是残酷的,规则是冷冰冰的,没有人能凌驾于规则之上。只有尽快了解规则,遵守规则,男孩才能获得人生竞赛的资格,站在起跑线上。

因为爷爷、爸爸都爱下棋,小雨很小就接触象棋,也变成了一个小

象棋迷。每到周末,小雨总会和爷爷、爸爸杀几盘。但是小雨有个坏毛病,那就是下棋爱耍赖,经常悔棋。

爸爸认为这是因为小雨年龄小,很难承受失败的结果,所以忍不住耍赖。但随着年龄的增长,这种情况没有任何改观,小雨只要一下棋就耍赖,棋风非常不好。

这天,小雨又和爸爸下棋,连输几次输急了就想赖棋,嘴里总是嘟囔着:"重来重来,这一步不算。"爸爸平静地说:"不下了,咱俩聊一聊。"小雨很奇怪,不知道爸爸要聊什么。爸爸问小雨:"考语文时,假如你已经交了卷子,一查字典,发现自己错了一道题,还能向老师把卷子要回来吗?"小雨毫不迟疑地回答:"当然不能了!"爸爸意味深长地问:"为什么不能?""因为这是考试规则,每个人都得遵守。"小雨回答。

爸爸用手指弹了一下小雨的脑袋说:"你还知道呀?那你知不知道落棋无悔呀?输了就输了,怎么就能不算了呢?"小雨听爸爸这么一说,脸腾一下红了。爸爸说:"你已经长大了,不是小孩子,要知道下棋也有下棋的规则。如果你再耍赖,我和你爷爷都不和你下棋了。"小雨一听,这可不行,不下棋他手痒,赶紧说:"别,别,我再也不耍赖了。"

爸爸的一番教导果然有效果,小雨从此再也不敢下棋时耍赖了,他懂得了一个真正的棋手,必须遵守下棋的规则。

男孩在比赛中耍赖,并不一定是男孩人品有多差,很大的可能性是他们难以承受失败的打击。但是任何人都必须遵守规则,输了比赛可以再来,但是输了人品就再难找回来了。所以,家长要着重培养孩子的规则意识,让他们习惯挫折,培养优秀的人品。

家长要尽量为男孩营造公平竞争环境。不要因为怕孩子受挫折,而在比赛中做手脚,比如找熟人托关系等。家长这样做本身就是一种破坏规则的行为,男孩也会因此受到不良影响,他们会认为世上没有公平的竞争,可以无视竞争规则。长此以往,男孩可能懒于奋斗和竞争,坐享其成,甚至做出故意违背规则的事情,走上歧途。

第七章
穷养男孩的耐性与细心，塑造真正男子汉

自己的作业自己检查

很多男孩都有马虎的习惯,我们经常能够见到一些男孩在考试之后懊悔不已,怪自己不再细心点,要是能够细心一点的话,就能考一个很好的分数。针对这个问题,作为男孩的家长,我们应该怎么做才能让男孩变得细心起来呢?

卡卡今年十岁,头脑很聪明,不管什么问题,都能很快地给出自己的想法。但是让妈妈比较头疼的是,卡卡做事总是不细心,平常丢三落四不说,考试的时候也总是因为粗心马虎做错题,分数经常不够理想。

为了能够帮助儿子改掉马虎的毛病,妈妈想了很多方法,但是效果都不佳。后来妈妈意识到自己之前的方法存在局限性,因为自己总是帮助儿子检查这儿检查那儿,生怕儿子因为马虎做错什么,但越是这样,儿子马虎得越厉害。意识到这点后,妈妈决定改变之前的方法,让卡卡意识到妈妈的帮助是外力,只有自己学会检查,才能从根本上改掉马虎的坏习惯。

有一天晚上,卡卡将写完的数学作业拿到妈妈面前,让妈妈帮助检查一遍。以往妈妈总是很仔细地帮助他检查一遍,生怕他做错一道题,被老师批评。但是这次妈妈却没有看卡卡的作业本,而是很温和地对卡卡说:"儿子,你要学会自己检查,妈妈检查了一时,检查不了一世,在考试的时候,你找谁去检查呢?"

听妈妈这么说,卡卡有点不高兴,将作业本拿回去,往书包里一塞，就坐在沙发上看起电视来。妈妈原本想提醒一下，让他自己检查一遍，但是话到嘴边，还是忍住了。

第二天中午放学后，卡卡一脸的郁闷，妈妈问了后才知道，因为马虎，他的数学作业本上多了几个小叉叉，还被数学老师叫到办公室里说了一顿。但是妈妈什么也没说，卡卡只有自己体会到检查作业的重要性，才能慢慢养成自己检查的习惯。

果然，晚上卡卡写完作业并没有让妈妈检查，而是自己坐在桌子旁边从头到尾检查了一遍，之后又检查了一遍，他可不想因为马虎做错而被数学老师再次叫到办公室里去。

见儿子懂得自己检查，妈妈暗暗高兴，自己的方法真的有了效果。

男孩子的注意力往往比较分散，很容易被外界因素干扰，出现"分心"的情况。特别是在写作业的过程中，他们既要看，又要算，还要写，注意力要分配到各个方面，需要不停地转移和集中，所以容易出现顾此失彼的现象，马马虎虎做错题。

有些家长总是习惯性地帮助孩子检查，衣服穿好了没，书落下了没，作业做对了没……这些"关心"反而加重了男孩子的马虎，他们觉得即使自己做错了，还有爸爸妈妈帮着检查呢，所以在做事时注意力就更加不能集中起来了。

智慧的家长一般都这样做：

放一次手，让男孩子品尝一下马虎的"苦味"。爸爸妈妈要学会放手，让男孩子品尝一下马虎的苦味，只有这样，他们才会深刻认识到马虎的危害，继而全力避免犯同样的错误，让自己变得越来越细心。

大方向上指出错误，让男孩子自己去完善细节。家长可以在大方向上指出错误，帮助男孩子将注意力集中在某一范围，然后让男孩自己去解决细节上的问题。这样有助于男孩改掉马虎大意的习惯。

将要带的东西写在纸上

丢三落四的男孩总是让爸爸妈妈头疼不已,今天将钢笔落家里,明天又将课本落在学校,反正时不时地给自己制造一些困扰。所以穷养男孩,家长就要尽快让男孩细心起来,改掉丢三落四的习惯。

赵健今年十岁,人长得很健壮,也很聪明。但是让爸爸妈妈比较烦恼的是,最近一段时间,赵健开始"粗枝大叶"起来,总是丢三落四,刚刚开学半个月,爸爸妈妈就感觉有点招架不住赵健的"电话轰炸"了。

一天早晨,在送赵健上学前,妈妈问道:"儿子,你仔细想一想,有没有什么东西忘记带了。"赵健十分肯定地回答道:"东西都带齐了,不用想!"

妈妈有点不确定,又提醒赵健道:"儿子,真的都带齐了?别到学校又发现什么东西没有带。"

谁知道赵健却嫌妈妈唠叨,很不耐烦地说:"我检查了一遍,东西都带着呢!"

妈妈摇摇头,发动汽车送赵健上学。但是让妈妈生气的是,刚刚回来没多久,就接到赵健从学校打来的电话,说把数学作业落在家里,并且给妈妈"下命令"道:"赶快给我送来,老师要呢!"

妈妈彻底崩溃,这样的情况已经不是一次两次。后来还是爸爸给妈妈出了一个主意:给赵健买一个记事本,让他每天晚上将要带到学校的东西写在上面。妈妈一想,这的确是一个好方法。

于是第二天晚上,妈妈将一个记事本放在赵健的书桌上,让他将明天要带着的东西都写在上面,然后跟着赵健一起检查这些东西是不是都装进书包里了。赵健很认真,他也意识到自己的马虎危害很大,总是落

下东西，到学校里被老师说。

就这样，坚持了一个月，在妈妈的不断督促下，赵健的记事本已经写得满满的。而他的改变也很大，做事开始细心起来，很少落下什么东西，而且学习上也有了很大的进步。

男孩天生对事物的感知比较笼统、粗糙，这样的心理特点使得男孩子往往不能细致地看待问题，容易丢三落四。其实男孩子丢三落四的习惯是可以纠正过来的，就像赵健妈妈做的那样，让男孩将要带的东西事先写在笔记本上，每天提醒自己，在出发前对照着检查一遍，久而久之，马虎的毛病就能克服掉。

除了记事本，还可以让男孩在家中张贴提醒自己的小纸条。将要做的事或者要带的东西写在小字条上，张贴在家中醒目的地方，就能起到一个时时提醒的作用，有助于帮助男孩强化记忆，养成细心的良好习惯。

另外，还可以将一天的计划事先写在纸上。到了周末，可以让男孩子安排自己一天的行程，并写一个计划，按照计划行动。这其实也是一种培养细心习惯的方法，男孩在安排自己一天活动的时候，会考虑到各种细节，慢慢就让自己变得细心起来。

细心坚持考了满分

很多时候，爸爸妈妈说得再好，不如让男孩子亲身体验一下效果更好。要想让家中的男孩子改掉马虎的坏习惯，变得越来越细心，家长很有必要让男孩品尝一下细心的"甜头"。如此一来，一苦一甜，强烈的反差很容易让男孩子做出选择，让自己细心起来。

这天数学小测结束后，薛飞觉得题目很简单，自己能够考90分以

上，但是当老师公布成绩的时候，他却大吃一惊，因为他只考了70分。薛飞顿时像霜打的茄子一样，唉声叹气，考试完的那股子雄心壮志一下子都消失了。

回家后，妈妈拿着薛飞的试卷仔细看了一遍，问："这些题目你都不会做？""我会做！"薛飞不服气地说道。"那为什么会做的题目却都做错了呢？"妈妈的这个问题似乎难倒了薛飞，他低下头不再说话。

其实妈妈一看试卷就知道薛飞为什么没考好，这么马虎，能考好才怪呢！妈妈意识到要让薛飞学会细心才行，只有因为细心考出一次好成绩，儿子才能记住以后应该怎么做。这样想着，妈妈便对薛飞说道："来，咱们两个一起分析一下这次没考好的原因吧。"

妈妈一个一个地给薛飞指出错误所在："你看这个题吧，你把'除'抄成'除以'，结果都除不尽，意思一下子全变了；还有这个题目，前面都写对了，最后一步，把45写成了54，结果自然就错了……"妈妈最后问薛飞道："你知道自己为什么没有考好吗？"

"知道，我太粗心！"薛飞听完妈妈的分析之后，也意识到自己之所以没有考好，很大一部分原因在于粗心。

妈妈最终提出自己的建议："交卷前，不管感觉怎么好，都要从头到尾再检查一遍，细心才能取得好成绩！"薛飞点头，觉得妈妈说得很在理。

两天之后，数学老师又进行了一次测验，薛飞暗下决心一定要细心做题，再也不要像第一次那样因为马虎而将题做错。所以薛飞在做题的时候除了仔细审题之外，做完之后又从头到尾仔细检查一遍，果然检查出很多的错误。铃声响起来之后，薛飞很有信心地交上了试卷。

当结果出来的时候，让他惊喜的是，他竟然考了100分，那一刻，他品尝到了细心的甜美滋味。

有的男孩子做事马虎大意，想当然地认为马虎是小事，无关大局，时间久了就习惯成自然了。这时，家长有必要适当引导，让男孩品尝到

细心带来的甜头。当孩子品尝到细心所带来的"甜头"时,那么他们的心理肯定会产生一些变化,势必会坚定细心下去的信念。

在这一过程中,家长要用认同和夸奖强化男孩子的细心。比如,孩子放学回家说:"上次考试的时候我因为马虎没考好,这次考试我很仔细地审题,考了90分呢!"家长应该立即给予一些回应:"不错,儿子真聪明。记住啊,以后做事要细心,这样才能做好事情。"

男孩在品尝到成功的喜悦后,又获得爸爸妈妈的认同和夸奖,内心肯定"甜上加甜",他对细心的认同感就会进一步加强,继而获得更大的自信。

蛋糕券忘带之后

家有马虎的男孩怎么办?很多家长都是苦口婆心,充当复读机的角色,一遍又一遍地重复提醒,"不要粗心""做事要细心""别丢三落四"……但是让爸爸妈妈苦恼的是,虽然说了很多,但是男孩子马虎的习惯却没有多大的改变,反而被男孩认为"唠叨""啰唆"。

那么智慧的爸爸妈妈该怎么面对马虎男孩子呢?

博博今年九岁,做事有粗心的坏习惯。为此妈妈为了能够让他细心起来,总是在身边一遍遍提醒他"别马虎""不能粗心"。时间久了,博博不仅不领情,反而时时顶撞妈妈,说妈妈是一个"复读机",这让妈妈郁闷不已。

妈妈知道这样下去不是办法,于是便试着改变策略。有一次妈妈带着博博去蛋糕店,买博博期望已久的巧克力蛋糕。走之前,妈妈让博博带上蛋糕店的抵现券,出门前妈妈原本想问问他抵现券装好没有。但是转念一想,之前三遍五遍地提醒也没见什么效果,反而得了一个"复读机"的外号,这次让他自觉吧。

到了蛋糕店,看好蛋糕准备结账的时候,博博才发现自己忘了带抵现券了。博博也知道自己这次又粗心了,于是便跟妈妈说:"这次能不能拿钱买?"妈妈觉得这是一个让儿子"长记性"的机会,于是立即拒绝了他的提议。

"出门前我曾经跟你说过,让你带上抵现券,结果你忘记了。这是你自己犯的错误,所以今天肯定吃不成蛋糕!"妈妈明确地告诉博博。

"可是你只说了一遍,出门前也没提醒我,问我带没带抵现券。"博博有点委屈地说道,这个时候他才想起妈妈之前的"唠叨"。

"妈妈不可能一遍又一遍地提醒你,以后你长大上大学,难道妈妈也要跟着你,整天提醒你不要落下东西?"

见妈妈这么说,博博不再要求妈妈花钱买蛋糕了,他暗暗下决心,以后再也不粗心了。

心理学上将因为刺激过多、过强或者时间过久而引起的极不耐烦和反抗的心理现象称之为"超限效应"。这种效应在家庭教育中经常出现,比如当孩子马虎大意时,爸爸妈妈一遍又一遍地提醒他们"不要粗心",使得孩子从最初的不安转化为不耐烦,甚至反抗。这样就会出现一个这样的结果:尽管爸爸妈妈三番五次提醒孩子不要粗心,但是孩子却以"我偏要这样"来反抗。

智慧的家长不会给孩子留下"唠叨"的印象,与其不停地说,不如用其他有效的方法锻炼孩子。

通过"找不同"的游戏锻炼孩子。在日常生活中,爸爸妈妈可以多和男孩子玩一下找不同的游戏,在仔细地对比中不断练习,最终改掉马虎的习惯,变得细心起来。比如,和孩子一起看一本书,一起找书中两幅画的不同。这类游戏的特点是在玩的同时锻炼男孩的细心,避免了言语提醒的枯燥乏味。

另外,减少言语的提醒,甚至故意不提醒,让男孩自己承担粗心的后果。提醒时可以将声音放低,吸引男孩子的注意力。较低的声音不容

易引起男孩反感，还会给男孩留下深刻的印象，让他们在内心中重视这件事，如此一来，马虎的坏习惯也就能慢慢改正了。

给爸爸的衣服缝纽扣

责任感和耐心是做好一件事情的前提。男孩如果做事不细心，从另一方面讲，是缺乏责任心和耐心。家长应该让男孩子经常性地做一些力所能及的事，比如收拾好自己的玩具，帮着洗碗等，以此来锻炼男孩的责任感和耐心。当然最好的方法是让男孩子做一些"细致活"，因为这类事情需要耐心，只要男孩子能够坚持下来，细心的种子自然也就在他们内心深处生根发芽。

有一天，爸爸衣服上的纽扣掉下来，妈妈觉得这是一个好机会。因为方辉做事比较粗心，可以让他给爸爸缝一下纽扣，锻炼一下他，最终让方辉细心起来。

于是妈妈对方辉说："儿子，过来给爸爸缝一下纽扣。"一听给爸爸缝纽扣，方辉觉得很新鲜，跑着将针线找出来。

妈妈先教方辉怎么打结："先把线在食指上绕一圈，然后再用大拇指和食指轻轻一搓，另一只手拉一下，这样结就打好了。"方辉按照妈妈说的方法试了几次，都没有将结打好。于是他有点气馁，不想再缝纽扣。

妈妈告诉方辉："你是个男孩子，要有责任感和耐心，你不给爸爸将纽扣缝好，爸爸明天就没有衣服穿。"听妈妈这么说，方辉又拿出针线，细心地打起结，这一次他终于打好了。

然后妈妈又教给方辉怎么缝扣子："先将针从扣子孔中穿过去，然后对准衣服上的孔眼使劲一刺，然后再刺回来，从扣子孔中穿过，如此往复，直到将扣子缝紧。"方辉按照妈妈所说的方法小心翼翼地缝着纽

扣，突然手上传来了一阵痛，原来他一不小心扎到了手。他用嘴吸了吸，并没有放下针，而是继续缝扣子。

妈妈很高兴，她知道自己刚刚说的那番话触动了孩子，即使被针扎了一下，也没有放弃。最终方辉将爸爸衣服上掉落下来的纽扣缝好，虽然方辉的手艺并不是太好，但妈妈还是很高兴，因为从这次缝扣子的经历中，方辉意识到责任心，渐渐有了耐心，做事变得细心多了。

责任心欠缺、没有耐心的男孩子，往往身上也存在着粗心的毛病。方辉妈妈正是明白这一点，才让方辉学习缝纽扣这一"细致活"的。因为在缝纽扣的过程中，方辉体会到自己的责任——缝不好，爸爸明天就没有衣服穿；练就了自己的耐心——不管是给线打结，还是用针线固定纽扣，没有耐心都做不成。而责任感和耐心让方辉变得细心起来，全身心地投入到缝纽扣的工作中。

所以，想要培养男孩子的细心，不妨多让他们做一些细致的事情，在做事的过程中让他们学会怎么面对自己的责任，怎样在细致的工作中磨砺耐心，继而细心地完成整个工作。以下两个方法可以借鉴：

教男孩子写毛笔字。作为中国传统文化的一部分，练习毛笔字不仅能够让男孩子了解中国几千年文化的博大精深，还能锻炼男孩子的耐心和责任心，对他们的成长有莫大的帮助。

引导男孩子写日记。男孩子很少写日记，他们没有耐心每日坚持，觉得很烦琐。对此，家长要多加引导鼓励，容忍他们的小脾气，不管写得如何"不像话"，也不要干涉，时间久了，即使是干巴巴的"流水账"，也能让男孩子慢慢变得细心起来。

洗净自己的小背心

男孩子粗心不仅表现在学习上，有时还表现在生活上。假如一个男

孩的生活杂乱无章,那么他十有八九比较马虎、粗心。所以爸爸妈妈想要家中的男孩子变得细心起来,首先就要培养男孩子整齐有序的生活习惯,让他们学会井井有条地生活。同时,整齐有序的生活也会起到潜移默化的作用,让男孩子逐渐变得细心起来。

路路今年八岁,聪明好学,但是却是个有名的"马大哈",让爸爸妈妈头痛不已。

妈妈觉得想要彻底改变儿子粗心的坏毛病,必须从生活习惯上入手,这样才能从外而内,让路路最终养成细心生活做事的习惯。

有一次妈妈在洗衣服,路路坐在一旁好奇地看着。妈妈问他:"你想不想自己洗一下衣服?""想!"路路响亮地回答道。妈妈说:"那你就把你的这件小背心洗了吧。但是,洗完衣服后要把卫生间的水抹干净,把水盆放在盆架上,洗衣皂也要归位。"虽然妈妈的要求很多,但是路路强烈地想试一试,就点头答应了。

妈妈给路路拿来一个小盆子和一块洗衣皂,然后路路就自己就动手洗起衣服来。让妈妈哭笑不得的是,路路洗衣服完全没有什么顺序可言,背心还没浸湿就用洗衣皂搓了起来。妈妈连忙提醒他道:"生活中做事情都要按照一定的顺序,不然就会乱套的。比如洗衣服,你要先把小背心浸湿,再用洗衣皂搓洗,然后再漂洗一下,拧干,晾晒,这样一件衣服才算洗干净!"

路路按照妈妈说的顺序做了起来,很快便将自己的小背心洗干净。然后他亲手将小背心晾晒在衣架上后,将小盆子中的水倒掉,将盆子、洗衣皂放回原来的位置,摆放整齐。这些事情做完后,路路红扑扑的小脸上满是兴奋。

在之后的日子里,妈妈更加注重培养路路整齐有序的生活习惯,不管是学习用品还是衣服、鞋子等,都会要求路路自己保管好,摆放整齐。慢慢地,路路变得细心起来,"马大哈"的时候越来越少。

很多家长都会抱怨家中的男孩做事马虎，没有什么头绪，不爱整洁。其实，这也有家长的责任。因为，一些家长为了让男孩子集中精力学习，包揽了男孩子的一切琐事。这样做剥夺了他们动手的机会，在生活中也必然变得粗心大意，没有丝毫的责任心，如此一来，还何谈细心？

所以智慧的家长从来不会包办男孩子的生活，他们会让男孩子做一些力所能及的事情，以此锻炼男孩子整齐有序的生活习惯。

在生活中，可以多让家中的男孩做一些家务，比如扫地、洗衣服、择菜、做饭、收拾房间等。家务劳动可以锻炼男孩的动手能力，也有助于他们养成整齐有序的生活习惯，为今后的人生打好基础。家长完全可以把做家务当成一种游戏，爸爸妈妈和男孩子一起做家务时，将有序整齐的理念融入进去，让男孩子在"玩耍"的过程中体味到整齐的重要性，理解秩序，最终变得细心起来。

另外，孩子做事时要多称赞少命令。在男孩做事的过程中，爸爸妈妈的夸奖会起到一个积极的作用，古板的命令和责备则起到消极的作用。所以，只要孩子动起手来，有所改变，就应该多夸奖，尽量不要命令他们"放整齐"。

细心并不等于敏感多疑

对男孩子来说，敏感多疑绝对不是受欢迎的个性。虽然在学习上我们鼓励男孩子要细心，但不是让男孩变得敏感多疑。敏感多疑的男孩没有亲和力，容易与人疏远，最终被孤立。而且多疑的小男孩往往性格上不坚定，做事遇到挫折很容易放弃。所以爸爸妈妈必须让家中的男孩明白，细心并不等同于敏感。

小树是一个性格比较多疑的小男孩，他经常说的一句话就是"你

说的是真的吗?""不会吧,你是不是在骗我?"小树这种敏感多疑的性格不仅让妈妈头痛,也招致老师和同学反感,他那种处处怀疑的语气让大家觉得很不自在。当小树身边的朋友变得越来越少的时候,妈妈意识到这个问题的严重性,开始重视这个问题,想要改变孩子敏感多疑的个性。

经过反思,妈妈发现小树敏感多疑的原因。原来,以前妈妈总是对小树说:"做事要细心,要思前想后,要预知后果。"强调多了,小树做事开始畏首畏尾,总觉得老师说话有深意,同学说话对自己有隐瞒,变得十分敏感。

想通了这一点,妈妈就在心里面提醒自己,每次和小树说话要注意对孩子的影响。经常鼓励他:"做事自己要细心考虑周全,但是也要相信周围的人,毕竟一个人的能力是有限的,做什么事情有别人的帮助会更容易。"为了消除小树的多疑心理,妈妈精心策划家庭聚会,邀请很多同学过来,并在聚会上组织好多活动,为小树创造了与同学合作的机会。小树体会到合作的乐趣,对同学也越来越信任。

渐渐地,在妈妈的努力下,小树的性格也有了相应的改变。最让妈妈高兴的是,小树说"你说的是真的吗"这句话的次数明显变少,和老师以及同学之间的关系变得越来越和谐。

男孩如果过于细心,想得过多,可能就会陷入敏感多疑的误区。在日常的生活学习中,爸爸妈妈要注意观察孩子,当发现孩子有敏感多疑的倾向时,要及时引导孩子。

首先,要注意孩子的言谈。比如,当孩子说"我比不上别人"的时候,家长可以这样告诉孩子:"在爸爸妈妈的心中,你是最好的。"当孩子说"老师和同学都不喜欢我"的时候,妈妈可以反问孩子:"你怎么知道老师和同学都不喜欢你呢?"妈妈可以用这种方式,让孩子懂得自己的多疑是站不住脚的。很多时候孩子之所以敏感多疑,是因为缺乏自信,所以家长要多鼓励孩子,让孩子对自己的实力有个客观的认

识,如此孩子才会变得慢慢豁达起来。

其次,父母可以多带孩子参加一些体育活动,比如可以打篮球、爬山等。在这个过程中,孩子的身体得到锻炼,心胸也逐渐开阔起来,敏感多疑的个性也会得到很好的矫正。爸爸妈妈要知道,喜欢运动的孩子往往都比较开朗乐观,体育活动在锻炼了身体的同时也陶冶了孩子的情操。

再次,引导男孩发现自己的优点,建立自信。爸爸妈妈要知道的是,男孩经常希望周围的人毫不保留地赞同自己的看法,但是这种想法往往是不切实际的,当现实和期望之间落差巨大的时候,孩子就会变得敏感多疑起来。所以爸爸妈妈要引导孩子建立自信,从内心平衡现实和期望之间的落差。

最后,家长要与孩子多沟通、多谈心,以化解孩子心中的多疑情绪。另外也要尽量避免一些意外事件会对孩子产生刺激,比如,尽量不要在孩子面前吵架,如此才能让家中的小男孩变得开朗坚定起来。

第八章
穷养的目的是让男孩更自信阳刚

"擎天柱"送来的礼物

不知从什么时候起，我们发现身边的男孩变得越来越"娘"，缺乏阳刚气质。不仅仅在校园，整个社会都存在着一种"阴盛阳衰"的现象。心理学研究表明，男孩子早期男性观念和行为的获得关键在于模仿父亲的语言和行为，并接受家庭尤其是父亲对他男性角色的规范和影响。但是很多家庭都是父亲缺席，母亲承担起教育孩子的绝大部分责任，导致了许多男孩缺乏阳刚之气。

穷养男孩，智慧的家长会重点对男孩进行"阳刚教育"。当然，这里强调的"阳刚教育"并不只是让男孩子练就发达的肌肉和勇猛的性格，更重要的是培养一种"阳刚"的气质和精神。这就需要父亲承担起培养男孩子阳刚气质的重任。

李先生很注重儿子阳刚气质的培养。有一段时间，和很多父亲一样，李先生忙于工作，忽视了和儿子之间的交流。等闲下来仔细回想，意识到前段时间和儿子交流的次数似乎越来越少，也很久没有和儿子一起开开心心地大笑过，一起开开心心地做事情。其实在李先生的内心深处，是希望和儿子成为朋友的，李先生希望能和儿子一起东拉西扯，毫无顾忌地交流。看着儿子渐渐学会了静默，变得越来越文静，李先生觉得自己需要在之后的日子里做些什么。

正好那几天李太太在外地出差，晚上只有李先生和儿子在家。一开始，李先生和儿子还是和往常一样各自做自己事情，后来李先生趁着儿子来客厅拿东西的机会对他说:"儿子,爸爸有事和你商量一下,你有时间没?"

"嗯。"儿子的回答惜字如金。

"你知道《变形金刚》系列电影吗?"李先生问。

"啊?"儿子似乎完全没有预料到李先生会问他这样的问题,脸上的表情充满了惊讶,"《变形金刚》我知道啊,同学们最喜欢谈论的话题就是擎天柱和威震天,他们很拉风的。"

"儿子,明天周末,咱们两个一起看《变形金刚》怎么样?"李先生抛出自己的想法。

"真的?"儿子显然还是不太相信李先生的话,在看到李先生点头之后,他一下子欢呼起来:"好啊,听同学说这个系列的电影很棒,我一直都很想看看的。"

李先生第二天便带着儿子去电影院。《变形金刚》的特效做得非常漂亮,惹得一旁的儿子惊呼连连。父子俩看得投入,他们的嘴也没闲着,电影还没看到一半,两个人就把一大桶爆花米吃得干干净净。直到电影结束后,他们还意犹未尽,恋恋不舍地离开了影院。

走在回家的路上,李先生问:"儿子,你觉得擎天柱这个角色怎么样?""太厉害了,他是正义的代表,让我佩服得很。"儿子手舞足蹈,多了一些男孩的俏皮。

"嗯,擎天柱除了代表正义之外,他遇到困难百折不挠,敢于斗争,无所畏惧,也是值得我们钦佩的。这才是一个男人应该具有的精神品质。"李先生继续分析擎天柱的精神。

"嗯,我长大后也要做擎天柱一样的男人!"儿子挥舞着小拳头说道。

那天李先生和儿子说了很多话,多到比之前一周说的话还多,多到事后李先生都不记得到底说了些什么。但是他记得睡前儿子说了一句话:"爸爸,下次变形金刚出续集的时候我请你看!"

在父爱教育缺失的家庭，男孩子在母亲影响下，思维、言语以及生活习惯可能会变得女性化，缺乏阳刚气质。这类男孩子会给人一种温顺柔弱的印象，他们遇事容易退缩，不喜欢体育运动，像个小女孩一样，喜欢安安静静地看着别人做事。

要知道，父亲身上的一些品质，诸如刚毅不屈、勇敢、坚强等，在母亲身上是很难获得的。穷养男孩要注重父亲对男孩的教育和引导，让男孩子更加深刻地体会到阳刚品质，更好培养出阳刚之气。

由此可见，在日常生活中，爸爸需要和男孩子多交流、多互动。时间少的时候陪男孩子说说话，聊聊天；时间宽松的时候，可以带着男孩子去郊游，去看电影。在爸爸的陪伴下，男孩子的个性才会变得越来越阳光。

勇敢参加跳远比赛

很多父母都有这样的苦恼，那就是家中的小男孩缺乏自信心，不管做什么事情，总是羞羞怯怯，总是担心自己做不好。要知道，自信心是男孩成才和成功的前提条件，自信的男孩才更加有拼劲，充满阳刚之气。

一个做事没有信心的男孩，即使头脑再聪明，反应再敏捷，在生活和学习中稍遇挫折就会放弃，将来也难有大成就。而一个充满自信的男孩则不怕困难，敢于积极地尝试新事物，获得更多的知识和经验，未来事业更容易获得成功。

钱程12岁的时候，身体发育得很好，个头已经和妈妈一样高了。但是让爸爸头疼的是，尽管钱程有一个男子汉的身高，却没有男子汉的自信和勇气。有段时间，不管让他做什么事情，他总是习惯性地说"我不行"，爸爸觉得放任他这样下去，对以后的成长会有很大的影响，应该找个机会让他拾起自信。

有一次,钱程学校举办运动会,他的班主任想让他代表班里参加跳远比赛。钱程对老师说"考虑一下",没有立即答应。回到家后,他跟爸爸提起这件事,爸爸听了后很高兴地说:"这是一件好事情啊,老师让你代表班级参加学校的比赛,说明看重你,欣赏你。"可是钱程却低着头说:"不行的,我怕!"爸爸鼓励钱程道:"参加个运动会,有什么好怕的,你也是小男子汉,即使是最后一名,也没有什么大不了的,体育比赛嘛,重在参与。"

听爸爸这么说,钱程有些动摇。爸爸继续鼓励他说:"儿子,老师之所以让你参加,说明在老师的眼中,你在跳远上有优势,老师是觉得你很棒的!""真的吗?"钱程问道。"真的啊,爸爸从来不会骗你!而且等到你比赛的那天,爸爸还会去学校为你加油呢,爸爸相信你一定能获得好成绩的!"爸爸鼓励道。

就这样,在爸爸的鼓励下,钱程参加了学校运动会的跳远比赛。比赛那天,爸爸专程赶到学校为钱程加油。看到爸爸来观战,钱程信心大增,再加上身高腿长的优势,很容易地拿了第一名。这样的成绩对钱程也是一次巨大的鼓舞,那次比赛之后,钱程做事情有了自信,常说的那句"我不行"也不经常说了。

一个男孩,只有具有了强大的自信心,才能称得上是一个小男子汉。男孩的生活和学习需要强大的自信心来支撑,才会变得丰富多彩起来。如果家里的男孩缺乏自信,家长应该如何应对呢?

其一,尝试让男孩独立完成一件事。对那些胆小懦弱的小男孩,父母可以试着让他们独立地完成一件事情。比如可以让他们学着换灯泡,给奶奶拿眼镜,去信箱拿报纸,去超市买东西等,让他们觉得自己可以做好一件事情,继而就能做好更多的事情。在这个过程中,男孩逐渐确立起信心。

其二,帮助男孩发现自己身上的闪光点。有些男孩身上存在着一种

思维惯性：他们习惯寻找别人身上的优点，将之和自己的缺点做比较。这类的男孩比较自卑，不管做什么事都会先想到自己的缺点，以至于缩手缩脚，最终什么也做不好。爸爸妈妈就要想办法让他发现自己身上的闪光点，认识到自己的优点和长处，让他看到人生道路上的希望，相信自己有能力面对各种挑战。这样才能激发他们的进取精神，进一步增强自信心。

其三，用发展的眼光看待家中的男孩。当男孩有了点滴进步，家长应进行肯定和夸奖，及时鼓励他，这样才能慢慢改变男孩子的自卑心态，让他逐渐变得自信起来。假如男孩子兴冲冲地说"我这次考试进步了"，家长讽刺："这点成绩得意什么，离第一名还差得远呢！"只会打击男孩子的信心，让他变得越来越自卑。

单车和极限运动

我们在街头总能看到一些打扮炫酷的男孩，穿着奇装异服，骑着花花绿绿的单车，非常地吸引眼球。有的男孩还在这方面攀比，看谁的衣服更贵，看谁的单车更个性……其实这些都是男孩不自信的表现。

在现代社会，竞争压力无处不在，对男孩的要求也越来越高。仅仅注重外表，而忽略本质，一是体现了男孩的虚荣，二是体现了男孩的不自信。所以，穷养男孩必须引导他们正确看待外表和本质的关系，使他们增加自信，应对未来的各种挑战。

"爸爸，我想把我的自行车改装一下，你陪我去好不好？"一个周末的下午，海昌向爸爸提出了一个要求。爸爸一下子看出了他的真实意图，哪里是要自己陪着他去改装自行车啊，他需要的是自己口袋里的人民币。

"你的自行车不是好好的吗，没有坏，你还真把自己的自行车当成

汽车了,还要改装?"爸爸质疑道。"哎呀,你怎么变得和妈妈一样唠叨,你陪着我去一次不就知道了吗,你不会连我这小小的要求都不满足吧?"海昌开始撒娇。

爸爸想一想,觉得儿子平时也还算比较懂事的,这次就答应他。于是爸爸便点了点头,陪着他去改装自行车。改装完爸爸才明白,所谓改装不过是给自行车美容一次——涂一些花花绿绿的油漆,加一些莫名其妙的材料,完全不实用,但是钱却没少要,居然花了二百多。用海昌的话说就是:"抢眼一些,走到什么地方都能吸引眼球。"但是在爸爸看来,这是一种虚荣心在作祟,本质上看还是一种不自信的表现。

虽然觉得不实用,但是在买单的时候爸爸没说什么。但是仅仅过了半个月,海昌又对爸爸说道:"爸爸,我的自行车还需要小小地改装一下,这样就变得更加完美。爸爸,你再跟我去一次吧,这次花不了多少钱。"

但是这次爸爸没答应儿子的要求,看着被拒绝后略显郁闷的儿子,爸爸想了想说:"你改装来改装去,是不是为了吸引别人的眼球,让别人都羡慕你?"听爸爸这么一问,海昌便将头低了下去,不再说话。爸爸又接着问道:"你是不是觉得被别人关注了自己就很强大?很自信?"海昌听了后先是点点头,然后又摇摇头。

"爸爸觉得你有点虚荣,不怎么自信。来,爸爸给你看样东西。"爸爸把之前准备好的单车极限表演视频放给海昌看。看完后,爸爸问:"知道这是什么运动吗?"

"当然知道,这是单车极限运动。"海昌之前诚惶诚恐的表情没有了,取而代之的是一副兴高采烈的表情。

"那我怎么没见你玩这项运动,只要你技术好,玩出特色,别人便会关注你,你想不自信都不行,比你一次次改装自行车强多了。"听爸爸这么一说,海昌的眼睛亮了。他又回放了一遍录像,决定学习单车极限运动。

爸爸专门为他购置了特殊的单车和装备,还为他请了一名指导

老师。

　　海昌学习得很卖力，每个周末都自觉地去老师那儿，回来的时候往往一身的汗水，甚至有时候还会受些皮外伤。很多次，妈妈都心疼得不得了，但是爸爸却没说什么，在他看来男孩子就应该这样锻炼自己，时间久了，自然就会变得更加自信，更加阳刚。

　　后来海昌的单车极限运动学有所成，参加了学校组织的一次表演，引起轰动效果，成了学校里的风云人物。

　　一个男孩，想要成长为一个自信阳刚的男人，只注重表现上的"改装"是远远不够的，必须要从本质上不断地锻造自己，从品行上进行深层次的"包装"，这样才能更好地展现男儿本性。

　　海昌的爸爸发现孩子虚荣的苗头，及时点出，并支持他进行自行车极限运动。也许在参与极限运动的过程中男孩会受伤，会流泪，会遭受挫折和失败，但是正是这些磨砺让男孩子渐渐变得坚强和自信，学会在风雨中努力拼搏，知道勇敢地面对挑战，最终展现出阳刚的一面，吸引周围人的关注，成为别人眼中的焦点。

爸爸竖起了大拇指

　　很多家长谈到和儿子沟通的情景，脑海中总会立即浮现这样的画面：大人一句句地说，儿子默默地听。这也是很多家长想当然的交流方式，语言已经成了亲子交流中一种占据绝对优势的沟通途径。

　　其实在很多时候，爸爸妈妈除了利用语言和男孩进行沟通之外，还可以利用肢体动作来赞美男孩，表达自己对男孩的欣赏之情。这种肢体动作上传达出来的信息，能对男孩产生更大的激励作用，会让他们变得更加自信阳刚。

郅治今年八岁，放学回家之后喜欢缠着爸爸讲故事。有一次，郅治从书包里拿出了一本故事书，要正坐在沙发上看报纸的爸爸给他讲故事。爸爸一开始并没有接过故事书，说："你不是认识了很多字吗，自己看，比爸爸给你读会有意思得多。"但是郅治却很坚决，他对爸爸说："语文课上老师经常让我们朗读课文的，这次我也想当一回老师，爸爸当一次学生，给我朗读一个故事吧！"

见儿子突然有了当老师的想法，爸爸觉得很新奇，于是便接过那本故事书，随便翻到一页，大声地朗读了起来。爸爸读书的声音将在厨房中忙碌的妈妈也吸引了过来，觉得很有趣，也坐在一边听爸爸朗读故事。

爸爸见大家听得入神，朗读的声音立即高了不少。但不久，一旁听得入迷的郅治突然打断了爸爸，说："爸爸，你刚才读错了一个字。"爸爸很奇怪，觉得一定是郅治听错了，自己怎么可能会读错字呢？见爸爸不相信，郅治拿出了自己的"证据"："叱咤（zhà）风云你读成叱咤（chà）风云了。"

这时候，一旁的妈妈也赞同郅治。爸爸仔细想了想，确定自己读错了，一时间觉得很丢人。但儿子确实很认真地听自己朗诵故事呢，是一个好"老师"。想到这儿，爸爸便竖起大拇指轻轻地按在了郅治的脑门上，暗示他很棒。

郅治很高兴，因为爸爸竖起了大拇指，他可是知道这意味着什么，感觉比听到爸爸100句表扬的话都高兴。而且一旁的妈妈也微笑着鼓起掌来，妈妈虽然没说什么，但是郅治从妈妈的掌声中也感受到了妈妈的赞许，郅治觉得自己在妈妈心中的形象更加高大了！

美国语言学家艾伯特·梅瑞宾通过大量的研究发现，在人与人之间的沟通过程中，有90%的信息是通过非语言途径进行传递的，只有大约7%的信息是通过语言传递的。可见人与人之间的沟通，非语言的表达占据着重要的地位。

在现实生活中，很多爸爸妈妈总是习惯用语言和男孩子沟通，总是习惯用自己感觉很有说服力的语句去说教，但是却不知道，在男孩子幼小的心灵中，语言往往是苍白的，不管其中包含了多少家长的期望。因为男孩缺少生活经验，对理性枯燥的言谈接受度不高。在男孩心中，再优美的语言也不如一个温馨的拥抱。

所以在日常的家庭生活中，爸爸妈妈需要掌握男孩子的心理，善于运用肢体语言和男孩子进行交流，这样彼此间的沟通才会变得更加顺畅，效果才会更好。而利用肢体语言去赞美男孩，可以让男孩建立起自信，变得更加阳光。

参加一次辩论赛

现在很多男孩身上都存在着这样的毛病：内心想法很多，但是不善于表达。这样的男孩留给别人一种沉默寡言的印象，明显缺乏阳刚之气。

敢说敢做的男孩，给人一种阳刚的印象；而不敢表达自己看法的男孩则胆小怯懦，缺乏自信，不敢给自己施加压力，逼迫自己进步。所以，智慧的父母在穷养男孩的过程中，重视引导男孩表达自己的想法，培养男孩的表达能力，以此培养男孩的自信。

吴晓是个很害羞的男孩子，即使和熟悉的朋友打招呼都会脸红。为此妈妈有点伤脑筋，她觉得现在社会竞争这么激烈，想要在社会立足，除了要具备丰富的科学文化知识外，还需要优秀的表达能力。妈妈希望吴晓将来能够成长为一个真正的男子汉，找准自己的人生位置，实现自己的人生价值。

为了让吴晓变得自信阳刚起来，妈妈想了很多的办法，比如带他参加一些聚会，一起旅游，甚至拜访老师。妈妈还专门给吴晓买了很多训

练表达能力的书籍，和他一块儿学习，但是这些方法效果都不是很好，吴晓依然还是那么害羞，不善于表达自己内心的想法。

有一次，学校要组织一场辩论赛，每个班级要挑选三名辩手，同学们都觉得吴晓看的书多，一致推荐他。这下可把吴晓急坏了，回家之后就跟妈妈倒苦水："妈妈，他们推举我当辩手，这下我该怎么办啊？当着那么多的老师和同学，还不能照着稿子念，什么问题都需要即兴发挥，我很害怕！"

妈妈内心窃喜，觉得这是一个培养儿子阳刚自信品质的好机会，于是立刻鼓励道："大家推荐你当辩手，是对你的信任，只要你事前做好充足的准备，就没有什么好怕的。"接下来妈妈讲述了自己的经历："原本我小时候也像你一样，不善于表达，不管见到什么人，一说话就脸红，长大之后也是这样，但是命运却跟我开了一个玩笑，大学毕业后我成了一名高中老师。一开始我真的被难住了，但是最后狠狠心，不断地逼迫自己，虽然最开始站在讲台上说话磕磕巴巴的，但是最终还是硬着头皮讲完。时间一长，我便掌握了讲课的技巧，积累了丰富的经验，最终改变了自己不善言辞的形象，成为学生喜欢爱戴的老师。"

妈妈的经历给了吴晓很大的鼓励，吴晓答应试一试。接下来妈妈陪着吴晓一起查找资料，一起写辩论文稿，一起讨论辩论时的手势和语气。为了让吴晓发挥出自己的潜能，变得越来越勇敢，妈妈还充当反方辩手，找了很多反方的理论资料，和吴晓在家模拟了一场辩论会。在反复的实战练习中，吴晓褪去最初的羞涩，展示出"小钢炮"男儿阳刚本色，最终在辩论赛中获奖。

男孩的自信阳刚之气在很大程度上是由表达能力体现出来的。一个善于表达、敢于表达的男孩，给人留下勇敢的印象，也成为众人眼中的"真男子汉"。不善表达的男孩说话唯唯诺诺，难以让人信任。也许有些父母觉得孩子还小，不爱说话很正常，等他长大之后就会变好了。其实这种想法很片面，要知道男孩子现在的一举一动，已经为未来埋下了

伏笔，现在不够勇敢，长大之后很可能懦弱无能。所以，爸爸妈妈需要注意的是，想让自家男孩自信阳刚，需要从现阶段开始，培养男孩的表达能力。

具体来看，家长要善于在日常生活中创造机会，引导家中的男孩子不断地发掘自身潜能，练就良好的口头表达能力，勇敢地说，自信地做，为未来的事业发展奠定良好的基础。

坚持走到终点的选手

很多家长对家中的男孩倍加呵护，生怕男孩受苦，导致男孩对挫折和困难的承受力不足，做事情轻易放弃，这样下去，很难做好一件事。家长要知道，永不放弃，是男孩的优秀品质之一，也是男孩阳刚气质的组成部分。要想男孩更加自信阳刚，就应该培养男孩永不放弃的精神。

李悦上六年级的时候，要代表班里参加学校运动会100米竞跑。为了取得一个好成绩，他每天早晨便和爸爸一起跑步锻炼。

在爸爸看来，100米竞跑需要在短时间内爆发出强大的冲击力，看似短暂，但是后面50米需要保持极大的耐力，特别是在冲刺阶段，假如耐力上不够，那么则很难获得第一名。但是爸爸对李悦还是很有信心的，因为李悦从小学一年级开始，就坚持早起跑步。

学校运动会如期举行，爸爸专门来到比赛场地给李悦加油，等待着分享他夺冠后的喜悦。起跑的枪声响了后，李悦犹如一只小豹子般冲在最前面，而且将自己和第二名之间的距离越拉越大。爸爸高兴极了，对身边一位同样关注比赛的父亲说道："您瞧，跑在最前面的那小子是我儿子。"言语间颇有些得意，因为整个赛程差不多过了一半，爸爸觉得李悦已经把冠军牢牢地抓在手中了。

但是没想到的是，李悦不知道踩到了什么东西，脚下一滑，紧接着整个人便重重地摔在跑道上,半天都没爬起来。爸爸一下子意识到问题的严重性,立刻朝着李悦跑去,等跑到他身边的时候,李悦已经艰难地站起来,右手不停地揉着左腿,膝盖摔得很严重,已经不能再向前跑,只能一瘸一拐地往前挪动。

看到爸爸,李悦沮丧地说:"爸爸,我输了,咱们回家吧!""儿子,你看看,前面还有不到30米的距离就是终点,你选择一下,是要坚持跑完还是现在就回家?"爸爸询问道。

"可是我现在就已经输掉了,你看他们都跑到终点了。"李悦一脸悲伤地说道。

"对,你是输掉了和别人的比赛,现在你是和自己比赛,你是不是想输给你自己?"爸爸激将道。李悦看了爸爸一眼,没再说什么,沉默了一会儿,坚定地说:"爸爸,咱们去终点。"于是爸爸搀扶着李悦一步步向终点走去,其余的选手早就冲过终点,长长的跑道上只有爸爸和李悦的身影。很多人静静地看着这一幕,大家开始为他们加油,李悦班里的很多同学也都跑过来,陪着爸爸和李悦一起慢慢地走向终点。最终在大家的欢呼中,他们冲过了终点线。

这时,爸爸转头看了看李悦,发现他的脸上洋溢着幸福的喜悦,更有几分阳刚之气在他的脸上闪光。

从那之后,李悦变得更加自信阳刚,不管在生活还是学习中,遇到了困难从来不会退缩,即使失败了,也会再次站起来,朝着自己设定的目标前进。正是有了这种自信坚韧的精神,在李悦的成长过程中,他一直都是班级里学习成绩最好的几个人之一,在生活上也将自己照顾得很好。

即使受伤了,走也要走到终点,这就是一种永不放弃的精神。拥有这种精神的男孩,具有百折不挠的品质,让人敬佩,让人拥护,让人赞叹,会在今后的人生道路上越走越远,实现自己的人生价值。

怎样培养男孩永不放弃的精神?一个很好的方法就是鼓励男孩参加

一些竞技性体育活动。父母可以经常带男孩参加一些体育运动，诸如篮球、足球等。这种竞技性体育运动常常有激烈的竞争拼抢，也需要男孩付出汗水和心血，经常参加这些运动的男孩不会轻言放弃，久而久之，阳刚自信的品质也就形成了。

坚持一下，战胜了，前面就是坦途

美国一位心理学家对 150 名有成就的智力优秀者的研究表明，这些人智力优良多与他们从小形成的三种品质有关：第一，不畏挫折的坚持力；第二，善于为实现目标不断积累成果；第三，对自己坚定的自信心。有这些坚强的性格品质，对弥补能力的不足及对能力的发展都有很重要的作用。对于男孩来说，尤其如此。

但是，事实上，现在很多男孩子都缺少一种坚强的性格。很多男孩子往往从小是母亲带大，学校中又多是女老师，这就导致男孩缺乏阳刚之气，性格比较软弱。要想男孩长大后有所成就，就应该注意男孩坚强性格的培养。

洋洋的爸爸在外地工作，洋洋从小由妈妈和爷爷奶奶抚养，因为备受呵护，所以性格有些软弱。洋洋爸爸回到孩子身边工作后，很快就发现了这样的苗头：一个十几岁的男孩，动不动就哭，被批评了抹眼泪，作业不会写抹眼泪。洋洋还经常说："我不行，妈妈帮我吧。""我做不了，让爷爷奶奶做吧。"爸爸看在眼里急在心里。

正好，暑假时学校组织夏令营活动，大概有十天时间，爸爸觉得这是锻炼孩子的一个机会，不顾洋洋的反对就为洋洋报了名，洋洋满心不情愿，但是也没办法。

到出发的这一天，洋洋又开始抹眼泪，说不想去，不想离开爷爷奶奶，爷爷奶奶也心软了，说："不去就不去，也没什么好玩的。"爸爸

坚决不同意，硬拉着洋洋了上了车，还不允许爷爷奶奶和妈妈去送。爸爸对洋洋说："班上男孩子都去了，你不去，等他们回来后讲什么有意思的事你根本插不上嘴。"洋洋一听觉得有道理，就不再嚷嚷不去了。

刚刚两天，洋洋就打来电话，对妈妈说："这里有蚊子，身上被咬了好多包。还有，饭菜太难吃了，简直难以下咽。我不想再待在这里了，你们接我走吧！"妈妈本想答应，爸爸接过电话，说："儿子，不管多苦都要坚持一下，因为你以后要成长为一个男子汉。我小时候，有一次，别的小伙伴一起做游戏，因为不小心，我的手指头被铁丝划破了。我痛得就要掉眼泪了，但是在心里却一直告诉自己，再坚持一下，再坚持一下，千万不能流泪，因为我知道，如果我的眼泪掉下来，别的小伙伴就会嘲笑我懦弱。"听了爸爸的话，洋洋沉默了，过了一会儿说："那我再试试吧！"后来几天，洋洋也打来电话，但是再也不提放弃的要求了。

十天后，洋洋回来了，人黑了也瘦了，但是感觉长大了很多。带队老师当着洋洋的面对爸爸说："洋洋非常坚强，已经成为一个小小男子汉了……"

遇到困难，再坚持一下，战胜了，前面就是坦途。在这样的过程中，男孩逐渐具有坚强的性格，气质也越来越阳刚。

那么家长应该怎样培养男孩坚强的性格呢？

注意培养孩子独立克服困难的习惯。家长应该首先了解自家的男孩现在能做什么和不能做什么，凡是孩子自己能做的，如单独活动，同陌生人谈话，与别的小朋友来往，自己完成作业等，即使有一定困难，也要让孩子自己去做。因为只有孩子经常完成具有一定难度的事情，他才能体验克服困难而成功的喜悦，从而增强自信心，变得坚强起来。

加强孩子的抗挫折教育。一个人的一生不可能不遇到困难和挫折，关键的问题是如何对待这些困难和挫折。家长应有意识地创造抗挫折教育的氛围及和谐的家庭环境，配合学校实施抗挫折教育。可以设立家庭劳动岗,通过家务劳动培养男孩的抗挫折能力。同时应该坚持鼓励赏识和设障惩罚相结合,当男孩出现错误时不动辄训斥,积极鼓励他们通过自身的努力,改正自己的错误;当男孩较为顺利的时候,可以有意识地设置一些挫折,使其磨炼坚强的意志。

另外,注意保持和增进男孩的身体健康。这是培养男孩坚强性格的重要基础。一个身体虚弱的男孩对自己的身体没有信心,心情不好,必然怕这怕那,对人、对事积极不起来,性格就很难坚强起来。相反,孩子的身体素质好,有信心,有勇气,就容易培养起坚强的性格。

第九章
穷养的极致是塑造男孩成功品质

弹钢琴和鲨鱼的故事

　　穷养男孩，关键的一点在于塑造男孩成功的品质。正所谓"不积跬步无以至千里，不积小流无以成江海"，成功并非能一蹴而就，需要男孩子一点一滴地去积累，厚积而薄发，方能成大器。而积累就需要日复一日地坚持做一件事情，把这一件事做好，才能有所收获。

　　为人父母，都希望自家男孩长大后能够在一个领域内做出成绩，实现自己的人生价值。但实际上，成功往往青睐少数人，大多数人平平常常，有些家长将这归结为先天的因素——智力。其实，智力只是男孩成功的一个要素，很多智力超群的男孩长大之后越来越平庸，就是因为他们没有将自己热爱的事情坚持下来，半途而废。

　　张乐读小学三年级的时候，喜欢上钢琴。爸爸妈妈自然很高兴，这是一件好事情，大力支持，甚至开始幻想他长大后变成著名钢琴家的美好场景。

　　爸爸妈妈商量了一下，专门给张乐报了一个钢琴培训班。一开始张乐学得很认真，周末很积极地去上课，回家的时候也经常坐在电子琴旁边练习。电子琴是从姐姐家借来的，作为钢琴的替代品，爸爸妈妈打算先看看张乐学习的劲头怎样，然后再视其效果决定买不买钢琴。

　　学习一段时间后，张乐开始向爸爸妈妈索要实际的物质奖励——一架真正的钢琴。张乐学钢琴，要求买架钢琴也是很合理的，但是妈妈并没有立即答应他，而是告诉他："现在你才刚刚学，等到你学习满半年后,才会考虑你这个要求。"对妈妈的回答,张乐显然并不怎么满意,不过想想半年的时间也没有多久,他也就没再继续缠着妈妈。

转眼间,半年的时间就过去了,张乐始终惦记着他的新钢琴。一次妈妈在旁边听他演奏,虽然弹的曲子很简单但是很熟练,妈妈非常满意,张乐便趁机提出了自己的要求,希望妈妈能考虑一下,给他买架钢琴。这次妈妈依然没有立即答应他,只说和爸爸商量一下。

周末爸爸妈妈带着张乐去了海洋馆。在水族馆里,张乐见到巨大的鲨鱼,惊叹不已。

"儿子,你觉得鲨鱼和其他鱼最大的不同点是什么?"妈妈问。"比其他鱼酷,它的牙齿很厉害。"张乐回答。妈妈提醒张乐:"你仔细想一想,是不是其他的鱼可以停下来休息?你再观察一下鲨鱼,它们是不是从来不会停下?"

听妈妈这么说,张乐恍然大悟,问妈妈为什么会有这样的差别。妈妈告诉他鲨鱼不停地游动,一个原因是它没有鱼鳔,只能不停地游动才不至于沉到水底;第二个原因,鲨鱼是海洋中的王者,需要不停地游动,才能保持生机,保住霸主地位。

"其实妈妈之所以给你讲鲨鱼,就是为了让你明白坚持的重要性。学习钢琴最初的时候也许是因为兴趣,但是学习的时间长了便会产生厌烦,妈妈希望你能一直坚持下去,保持住学习音乐的热情,这样你才能够像鲨鱼一样成为王者,一个音乐世界中的王者。"

张乐若有所思,过了一会儿他向妈妈保证:"我一定会勤奋练习,绝对不半途而废。"几天后,爸爸妈妈带着张乐一起去琴行买回了钢琴,张乐专门在钢琴上贴了一个鲨鱼的小贴纸,提醒自己要坚持练琴。就这样,他坚持练习,弹琴弹得越来越有"韵味",渐渐成了学校里的文艺活动骨干,几次代表学校参加了市里组织的文艺会演。

对男孩子而言,不管做什么学什么,也许最初只是因为兴趣,也许时间长了会感觉很枯燥,但是不管怎么样,都要坚持下去,绝对不能半

途而废，不然即使你是一个天才最终也只会碌碌无为，绝对成为不了所在行业中的佼佼者，更不可能感受到生活的幸福。

穷养男孩，最关键的一点就是将男孩性子中的惰性打磨掉，引导男孩树立正确的做事观念，鼓励他们从始至终地做事，坚持积累，坚持研究，一步一个脚印地走下去。对男孩而言，尽心尽力做好一件事情，便能够看到成功的曙光。

将减肥进行到底

一个男孩子在通往成功的道路上，除了自始至终地努力外，还要抵挡住诱惑。很多男孩做事半途而废，究其原因，失去最初的兴趣是一方面，禁不住巨大的诱惑而转移目标或者自暴自弃则是另外一个方面。

有些男孩，虽然并不属于天才行列，但是他们能抵挡住各种各样的诱惑，将时间用在学习上，勤奋，执着，做事容易成功；有些男孩虽然很聪明，但却意志力薄弱，对诱惑几乎没有什么抵抗力，很难做成什么事。因此，穷养男孩，还需要锻炼男孩抵制诱惑的毅力。

上五年级的少华，因为太贪吃，体型变得有些肥胖，体重明显超标。对此爸爸妈妈不断地提醒少华要节制饮食，太胖了不仅影响形象，还会危害身体健康。但是少华却抵挡不住美食的诱惑，依然我行我素，大吃大喝。

一个周末，爸爸惬意地坐在沙发上喝着茶看电视。少华那天并没有像往日那样窝在自己的小屋里玩电脑，而是出门和同学打篮球去了。

"爸爸，这次我下定决心了，一定要把身上多余的肥肉减掉！"少华不知道什么时候回来了，冷不防在爸爸的背后说了这么一句话，吓得爸爸差点扔掉水杯。

"减肥？你……"爸爸回过头来，看着少华的小脸上带着愠怒之色，把调侃他的话语咽了回去。

"发生什么事了，突然要减肥？"爸爸接着问。

"他们笑我。"少华挥了挥小肉手，有些恼怒地回答。

原来少华出去和同学们一起打篮球，想运动一下。但是因为他体重超标，移动比较缓慢，运球速度很慢，总是被对方将球断去，还因为重心不稳摔了几次跤，惹得同学大笑不止。这次经历让少华的自信心遭受了一次不小的打击，于是下定决心减肥。

其实在爸爸看来，保持一个好的身材其实很简单，每天控制好饮食，然后再适当增加一些体育运动，就能很快地瘦下来。爸爸认为少华减肥最大的"敌人"是他的嘴，多做运动没什么问题，要是不让他吃洋快餐，估计会很难。

说做就做，妈妈每天都为他准备清淡一点的饭菜。一周后，爸爸决定考验一下少华对食物诱惑的抗拒能力，下班回家特地带回来两个炸鸡腿，而且放在了饭桌的中心位置。

吃饭的时候，少华的手很自然地伸向鸡腿，过了一会儿，再次将手伸向了鸡腿。爸爸看到后敲了敲桌子提醒少华道："你已经吃了一个了。""没事，我少吃点米饭。"少华很狡猾地回答。

"你就让儿子再吃一个吧，他还小，正是长身体的时候，需要补充足够的营养。"妈妈也在一边帮着少华说话。妈妈的话一点原则也没有，少华明显营养过剩导致体重超标，妈妈却还担心他营养不足。

"你想吃就吃，反正我无所谓，到时候被同学嘲笑的人又不是我。"爸爸以退为进，激将道。听了爸爸的话，少华犹豫了片刻，最后把筷子伸向盛芹菜的盘子，然后低着头快速地将米饭吃完，起身回到自己的房间。

少华离开后，爸爸将鸡腿夹给了妈妈，露出得逞的"奸笑"。妈妈明白过来，白了爸爸一眼，没说什么。让爸爸欣喜的是第一次试验成功，少华抵制诱惑的决心还是有的，就是需要时不时提醒一下。

在之后的日子里，一旦少华有所松懈，出现违背减肥计划的情况，

爸爸就用同样的话提醒他。就这样，大约两个月后，少华身上的肥肉便明显地少了，体型有了明显的改变，测量了一下体重，整整减掉五公斤。

经历了减肥风波之后，少华在学习上也能够抵制住各种诱惑了，写作业的时候专注了不少，爸爸欣喜不已。

现代社会存在着各种各样的诱惑，商场里美丽的衣服，餐厅里琳琅满目的美食，游戏厅各种刺激的游戏机……男孩如果没有强大的意志力，一旦抵制不住诱惑，就会陷入欲望的深渊，被欲望俘虏，什么事情也难做成。

因此，智慧的家长明白抵制诱惑的重要性。一个成功的人肯定是懂得自律，意志坚定的人。其实，没有什么诱惑是抵挡不了的，只要一个人拥有着强大的决心，能够始终如一地向目标前进。爸爸妈妈要做的是，时刻提醒男孩，排除干扰，战胜周围的诱惑，战胜人性中的贪婪和懒惰，实现预定目标，不断提升自己。

为每天的活动制订计划

很多男孩对"明天做什么"的提问一头雾水，用"不知道""还没想过"之类的话语来回答。这说明男孩缺乏计划性，做起事情来没有什么头绪。

纵观古今中外，但凡在事业上有所成就的人，无不对自己要做的事情有所计划。做事之前有明确的规划，做起事情来才会排除各种各样的干扰，集中精力做事。有计划的人通常目标会更加明确，前进的脚步会更加坚定，不会因为一时一事的失败而轻易放弃，如此一来，他们成功的概率才会更大。所以，穷养男孩就必须引导男孩养成做事前制订计划的习惯。

在李晨的成长过程中，爸爸渐渐养成了一个习惯，即每天晚上，都会和李晨坐在一起，商量第二天的活动安排。因为爸爸希望李晨能将每天都安排得井井有条，知道自己可以做什么，会做什么，想做什么。

平时的计划比较容易制订，一般都是放学回家写作业，作业写完后有半个小时的娱乐时间，可以看电视，也可以出去散步。但到了周末，计划的制订就有点复杂了。因为一到周末，李晨就想大玩一场，做出一些不合理的计划和安排，比如他曾经认为自己可以一晚上就能完成老师布置下的所有周末作业，但是最终熬夜成了熊猫眼也没有实现。不断地尝试和验证，他对自己的能力有了一个更加深刻的认知。

到了暑假，爸爸和李晨还经常就某一天的出游做计划。有一次，爸爸打算带着李晨出去玩，问他有什么想法。李晨听了后一阵欢呼，之后便说出了一大串他想去做的事——去玩空中飞椅，去开碰碰车和海盗船，还想去书店看书，去郊外爬山，当然李晨忘不掉大吃一顿，要去吃最爱的小肥羊火锅……

爸爸给他列出两个选择："第一，我们可以开车去游乐园玩一天，那里有你想玩的所有游戏项目，很刺激！不过去哪儿的话路程比较长，一天的时间玩起来会很紧张；另一个选择是坐轻轨去市区，在市区内随便游玩，挺方便的，时间也充裕。你觉得怎么样？"

李晨想了想，最终还是选择了后者。习惯了制订计划，李晨较同龄人做事更显得井井有条，深得老师同学信任，被选为班长，学习成绩也一直名列前茅。

做计划并执行计划，对家中的男孩来说，是在生活、工作和学习中所要做的基本功课，也是男孩事业成功、学业有成、生活幸福的基本要素。当然这样的品质并非一朝一夕可以培养出来的，而是需要男孩在生活中慢慢积淀才能获得的。善于做计划的男孩对未来生活很笃定，对自己人生的掌控性更强，更加容易成功。

家长引导男孩做计划时,最好和男孩协商一致,要让男孩了解制订计划的理由。当然,如果家长对计划还没有考虑清楚,要坦诚地对男孩说明,共同探讨。这样会让男孩明白做计划是一件严谨的事情,不是儿戏,需要考虑各方面的因素。

另外,当情况有变化时,家长不得不临时做一些改变,将男孩定好的一些安排去掉。这个时候,男孩肯定会比较沮丧,甚至会哭闹,这时家长要和男孩进行必要的沟通,取得男孩的谅解,承诺后时机成熟再兑现。当然我们要尽量避免这种事情出现,不然会损害计划的权威性,让男孩渐渐对计划丧失信心。

敢于实践的考古之旅

相信家长都曾思考过这样的问题——古今中外,那些有所成就的人和普通人到底有什么不同?随着阅历的增长,很多家长渐渐找到了答案——能够做出成绩的那少部分人相对于普通人,并不是多么聪明,而是他们敢于实践,有勇气将自己的想法变成现实。一个敢于梦想而又勇于去实践的男孩子,最终有所成就的概率相对那些只说不做的男孩子会大很多。

基于此,智慧的家长在教育男孩的时候,会有意识地培养他们的实践意识,锻炼他们的实践能力。不管什么时候,什么地方,只要男孩有了新奇的想法,爸爸妈妈都想方设法为男孩创造实践的机会和条件。

六年级的赵瑞非常喜欢读书,一有时间就往书店跑。有段时间,国内兴起一股考古热潮,书店里摆放了很多考古类的书籍,赵瑞居然也跟风关注起考古来了,回家后经常跟爸爸讨论埃及的金字塔和银川的西夏陵。爸爸觉得这是一个好的发展趋势,毕竟赵瑞喜欢读书,涉猎各种知识,开阔视野,对以后的发展有很大帮助。

一个下午，赵瑞放学后便跑到爸爸身边，很神秘地说道："爸爸，前几天我们班去郊游的时候，我发现了一个山洞，被很多杂草和树枝把洞口遮住了。"

爸爸一听，知道赵瑞的考古瘾发作了，便问："你进去看了没有？在里面发现了什么？"

"没有，那个山洞黑乎乎的，我不敢进去。"赵瑞摇着头说道。

"你不是对考古很感兴趣吗，为什么没进去看一看，这可是个难得的机会啊，说不定在那个山洞里真的有什么伟大的发现呢！"爸爸"引诱"道。

"可是我害怕，万一里面有吸血鬼怎么办？"赵瑞小声地嘟囔。赵瑞曾经看过一部关于吸血鬼的电影，之后便一直对吸血鬼念念不忘，看来那种在黑暗中活动的"生物"形象深深地印在赵瑞的大脑中了。

"爸爸，咱们一起去看看好不好？说不定真能找到什么古董呢。"赵瑞眼珠子一转，开始提议道。怕归怕，赵瑞内心还是非常热爱考古的。爸爸觉得这种精神值得鼓励，只要引导得当，对赵瑞的成长有积极影响。

"那好，咱们先准备一下，这个周末一起去。"爸爸答应了，决定陪着赵瑞实地考察一下。爸爸先让赵瑞将要携带的工具列一个清单，爸爸看了看，又添了两项——小铁锹和手电筒。

等到周末，一切准备妥当后，爸爸和赵瑞便出发了。上午九点多，他们便来到赵瑞说起的那个山洞前。在爸爸看来，这个山洞距离市区很近，要是真有什么文物的话，应该早就被发现了，所以并没有什么考古价值，这次活动主要为了鼓励赵瑞的实践精神。

"爸爸，你走在前面，我跟在你身后。"显然赵瑞还有些担心，连说话的声音都有些发抖。"儿子，没有什么好怕的，这是为了你的考古理想而进行的实践探索，大胆一点。"爸爸鼓励道。

"我不害怕，我就是觉得爸爸年纪比我大，经验肯定也比我丰富，走在前面能发现好东西。"虽然这么说，但是赵瑞在爸爸身后亦步亦

趋，紧握着铁锹紧张四顾。

一会儿，两个人便走到了山洞的尽头，爸爸用手电筒照了照四周，发现周围都是石头，洞壁有些光滑。赵瑞这个时候也慢慢放开胆子，开始用手电筒在石壁上照来照去。爸爸则在地面上仔细寻找，看看是否能有所发现。

"儿子，快来看，这里有件东西。"爸爸在地面上发现一个物体，呼唤着赵瑞一起来发掘。他们先是用小刷子将物体外面的灰尘轻轻地刷掉，不久，一个小瓷瓶子出现在他们的眼前。

"爸爸，是不是古董？"赵瑞兴奋地问道。爸爸将小瓶子翻来覆去地看了又看，发现瓶子底部写着"旅游纪念"四个字，他将"发现"告诉赵瑞，赵瑞显然有些失望，转身又开始寻找起来。

下午，爸爸和赵瑞带着几件战利品回到家，爸爸估计这些都是之前人们郊游的时候落下的物品……不过赵瑞现在不在乎这些是不是真的古董，他很高兴，毕竟这次考古实践有所收获。

赵瑞爸爸鼓励儿子实践、支持儿子实践的做法值得家长借鉴。不管一个人的想法如何奇妙，理想如何远大，假如缺少敢于实践的品质，那么他所有的想法和理想都是空中楼阁，只能存在于大脑中，变不成瑰丽的现实。敢于实践的男孩和死读书的男孩有所不同，有自己的想法，能将课本上学习到的科学知识和生活现象联系在一起，更敢于验证自己的一些新奇想法，走进社会之后也更具创新能力，更容易想在别人前面，走别人不曾走过的道路。

基于此，爸爸妈妈应抓住机会，鼓励男孩勇于实践，去做自己想做的事情。当男孩的想法超出他们的能力范围时，爸爸妈妈不妨创造一些条件帮助男孩去实践，陪伴男孩试一试，这样才会慢慢地培养男孩的实践精神。这样，男孩长大之后才会更积极主动，更具实践能力，更容易做出成绩。

给报纸投稿

一个人想获得成功，除了需要才能和机遇，还要能坚持自己的观点。很多时候，那些成功的人除了拥有超常的才能之外，还能自始至终地坚持自己的意见，不受外界各种因素的干扰。而庸庸碌碌的人，往往不能坚持自己的意见，只要别人稍有质疑，他便会修改自己的想法，甚至放弃自己的计划，如此，又怎么能实现自己的人生目标呢？

所以，爸爸妈妈在穷养男孩的过程中要尽早引导男孩相信自己，坚持己见。认为正确的，不管周围的人如何怀疑，都应该继续下去。很多时候，坚持下去，成功之门自然就会打开。

"爸爸，我这次没做好，让你和老师失望了！"刚刚升入小学六年级的冯凯放学回家后便对爸爸说了这么一句话。爸爸一时没反应过来，不知道冯凯口中所说的"失望"究竟指什么。

"什么没做好？"爸爸问道。

"我之前写的文章啊，就是上次说要投给杂志社的那篇。"冯凯噘着嘴说道。

原来上个周末，爸爸带冯凯去森林公园感受大自然，他回来之后便写了一篇游记，字里行间很有文采，写出了对大自然的喜爱之情。冯凯平时的作文虽然还算可以，但是这篇游记，写得相当出色。要不是爸爸一直在旁边，还真不敢相信那篇游记出自儿子之手。

被爸爸夸奖后，冯凯自信心爆表，把那篇游记交给了语文老师，语文老师看了之后便鼓励他给杂志社投稿，爸爸也很期待冯凯的文章能够变成铅字。今天冯凯这样说，也就意味着杂志社的退稿信到了。

"儿子，没什么大不了的，这家杂志社发表不了，咱们再换一家试试，爸爸相信下次一定能成功的。"其实在爸爸看来，发表一篇小文章并不是什么困难的事情,只要文章写得好,多投稿几次,最终还是会发表的。假如实在不行,爸爸还有几个在报纸和杂志社工作的朋友,拜托一下他们,还有希望。

"爸爸,你看看。"冯凯听完爸爸的话,什么也没说,而是将一页打印好的稿子递给了爸爸。爸爸仔细看了下,发现冯凯的稿子被修改得乱七八糟,根本就看不清楚上面都写了些什么。

"他们不刊发也不能这么乱改啊,太不尊重作者了!"爸爸生气地说道。

"爸爸,你先别生气。其实我还没投稿呢,这是我自己改的。"冯凯说道。爸爸一下子怔住,儿子的回答出乎他的意料。

"一开始我拿给语文老师看,老师鼓励我投稿。但是我觉得还是找人再看看,听听大家的意见再投。接下来的几天,我把文章拿给很多同学看,他们提出很多意见,我按照每个同学的意见一一修改,结果就变成这样了。"冯凯说到这里,表情显得很沮丧。

爸爸能明白冯凯的感受,想要将所有人的意见都综合在文章里,想法很好,但是修改起来则千难万难。也许一句话这个同学看了之后说好,另一个同学看了之后就觉得不好了,这样改来改去,文章也就失去了原本的特色。

爸爸意识到假如冯凯在生活和学习中不懂得如何坚持自己的看法,即使他能力再强,想法再出色,最终还是做不好自己的事情,更不可能取得成功。

"儿子,你的衣服好看吗?"爸爸转移话题,问冯凯。

"好看啊,我特意让妈妈买的。"冯凯很肯定地回答道。

"那有人对你说过衣服不好看吗?"

"有,班里很多同学都说过。"

"但你还是很喜欢这身衣服对不对?"

"是的。"

"儿子,你想想看,每个人身上的衣服都不可能让所有的人说喜欢，但是它在穿的人眼中照样是最美丽的。其实文章也是这样，我们应该允许一点点不足的存在，坚持自己正确的观点。"

冯凯看了看爸爸，又看了看手中的稿子，明白了很多事情。后来他将自己写的"原汁原味"的游记寄出去，一个月后果真刊发在了杂志上。

人生道路上，迎合所有人的喜好是不可能的事情，越是想要让所有人都满意，越可能都不满意。成功的关键在于坚持自己的正确意见。在爸爸的鼓励下，冯凯放下所有顾虑，勇敢地把自己的作品邮寄出去，终于实现了自己的愿望，生活为他上了生动的一课。

鼓励男孩坚持自己的意见，家长也要以身作则，不能人云亦云，在男孩彷徨犹豫时，及时给予支持和鼓励。告诉他："相信你自己，你是最棒的。"也许等待男孩的是失败，但是他也能从中吸取经验教训，从而取得进步。当然，假如男孩所持的是错误的观点，家长也不要强迫男孩放弃，让实践去检验，男孩自然能放弃错误的观点，渐渐成长起来。

给生病的爸爸做饭

一个男孩必备的成功品质，除了坚韧、自信、有主见、有计划之外，还有博爱与感恩。因为只有学会如何去爱，懂得感恩回报，男孩才会得到更多人的认同，获得更多人的支持，前进的道路才会更加平坦。假如不懂得如何去爱，不知道感恩，那么即使男孩再有才能，情商不及格，走上社会之后也会寸步难行，处处碰壁。

萧强爸爸是高中老师，萧强上小学六年的时候，爸爸正好带高三，工作上越来越忙碌。有段时间，爸爸的体力和精神透支得比较严重。

这天，爸爸刚刚上完课，便接到了萧强班主任老师打来的电话，原来萧强在大课间下楼梯的时候不小心摔了一跤,脚踝扭伤了,已经送到医院。爸爸心里一紧,立刻请了假,奔向医院。见到萧强的时候,萧强的脚踝红肿得厉害,在老师的搀扶下一瘸一拐地走来。医生说萧强的脚踝并没有伤到筋骨,只需要静养些日子便会好起来。

爸爸打车把萧强带回家,然后背着他上楼,放在沙发上。做完这些,爸爸体力透支,只觉天旋地转,头晕得厉害,一下子摔在了沙发上。

萧强见状着急地问:"爸爸,你没事吧?哪里不舒服?""没事的,我先休息一下,等会儿妈妈回来了给你做饭吃。"爸爸这样说着,便闭上眼睛休息了。等到爸爸睁开眼睛的时候,却惊讶地发现身边竟然坐着一位医生,正准备给他打针。

见爸爸睁开眼睛,萧强立即指了指医生说:"爸爸,这是给你看病的医生。"

"我怎么了?"

"你之前劳累过度,有点发烧。打完针要好好休息。"医生回答道。

等医生离开,爸爸问萧强:"妈妈回来没有,吃午饭没有?我给你做。"说着尝试从床上爬起来,但是被萧强按住了。"都要吃晚饭了,你已经睡了很长时间了,妈妈中午回来做的饭,还叫来了医生。"萧强说道。

"啊,我竟然睡了那么久?那你晚饭吃了吗?我来做。"爸爸仍然想爬起来,给萧强做饭。"别,晚饭还是我来做吧,你再睡会儿,医生刚刚要求你多休息的。"萧强很坚定地要爸爸卧床休息。

"你怎么行,你还不太会做饭,而且脚踝扭伤了,行动不方便,要是再摔一下可就伤筋动骨了。"爸爸坚持要起来。

"平时我听你的,这次你要听我的。妈妈已经允许了。"萧强坚定地说。

"那怎么行,你的脚踝扭伤了,再严重了怎么办?"爸爸还是坚持自己的意见。

"你现在要学会绝对服从！"萧强又一次强调。爸爸本想再反驳，但是转念一想，这对孩子也是一次锻炼，就没再说什么。

看着萧强一瘸一拐走向厨房的背影，爸爸满意地笑了。那一天爸爸睡得特别香甜，一觉醒来感觉自己浑身都充满力量。

在家庭生活中，父母为男孩付出大量的精力，但是有些男孩却不懂得感恩，认为这些都是父母应该做的。其实出现这种情况，父母也有责任。一味溺爱包办，男孩体会不到劳动的辛苦，也就无法理解父母的苦心，长此以往，导致爱心、孝心的缺失。

对智慧的父母而言，穷养男孩的成功品质，培养其爱心，引导其感恩，是非常重要的。因此，父母应该为男孩创造更多的机会，让他们动手做事，甚至照顾父母，在这个过程中培养他们的孝心和爱心，推而广之，感恩一切给予自己帮助的人。这样的男孩，将来才会更好地融入社会，才会更容易获得成功。

和谎言说"拜拜"

诚信的品质是人一生中最宝贵的财富，诚信的人能够快速地获得别人的好感，获得幸运女神的垂青，自然也就更容易叩开成功的大门。所以穷养男孩，还需重视男孩的诚信教育，引导男孩重信守诺，言出必行。

可能有些家长觉得现在社会太复杂了，担心孩子过于老实将来会吃亏，所以他们在是否培养孩子的诚信上左右摇摆。其实这种担忧完全是多余的，培养男孩诚信的品质，也许会让男孩吃点小亏，但终将会成为他们一生前进的助力，因为这个社会不管怎么改变，诚信的品质也会是最基本的处世原则。

张辉第一次撒谎是小学一年级的时候，而且撒的谎也不怎么高明，被妈妈一眼识破了。有一天，张辉看到班里有个同学穿了一身新衣服，很帅也很酷，心里很羡慕。所以张辉放学之后便对妈妈说："妈妈，周末我们学校举办文艺会演，你要给我买一身新衣服。"妈妈听了很奇怪，张辉一向缺少文艺细胞的，唱歌走音，跳舞走样，很难将他和学校的文艺会演联系在一起。

妈妈想了一下，立刻明白问题的所在，一定是张辉看到班里的同学穿新衣服，自己也想要。假如答应他，必然会给他一种撒谎就可以达到目的的错误暗示。想到这儿，妈妈便微笑着说："宝贝，你要表演什么节目啊？"张辉沉默不语，只是低头一个劲儿地玩弄着自己的衣角。

妈妈把张辉拉入怀中，抚摸着他的头说："宝贝，做人最重要的是诚实，你想要穿新衣服，可以跟妈妈直说，妈妈会给你买的，但是不能说谎，说谎的孩子妈妈是不喜欢的。"听了妈妈的话，张辉小声地说："妈妈，我记住了，以后我不会再说谎。"妈妈在张辉的额头上亲了一下，说："乖孩子，走，妈妈给你买新衣服去，当作诚实的奖励，记得以后要讲真话啊！"张辉欢呼一声，拉起妈妈的手摇啊摇，心里面高兴极了。他想以后一定要跟妈妈说实话，再也不对妈妈撒谎，因为说实话妈妈更喜欢。

事后妈妈跟爸爸说起这件事，在"嘲笑"张辉不会撒谎的同时，也感叹这次发现得及时，将儿子撒谎的苗头消灭于萌芽之中。爸爸很赞同妈妈的做法，很聪明地绕开了批评，改为侧面强化"诚实的奖励"，让张辉意识到诚实比撒谎能获得更大的收获。

张辉妈妈在发现孩子说谎时，及时引导纠正，对培养孩子的诚信品质有帮助。

如何培养男孩的诚信品质呢？智慧的家长应该这样做：

在日常生活中就要细心地留意男孩子的言行。须知男孩之所以养成撒谎的习惯，是因为他屡次撒谎而达到了目的。所以家长要细心观察男孩的一言一行，当觉察到男孩子在说谎时，一定要及时地教育矫正，不要认为孩子还小，说谎是小事情，不在意，不干涉，放任男孩的说谎行为。

让男孩子在生活中感知诚实的重要性。家长可以抓住生活中的一些小事情进行教育，比如孩子因为捡到钱上交给老师而受到表扬，回家说起这件事情，家长就可以立即夸奖他："这样做很对，做一个诚实的孩子，不仅老师喜欢，爸爸妈妈喜欢，周围的叔叔阿姨和小朋友也喜欢。"

理解宽容男孩偶尔的说谎行为。当男孩说谎时，虽然严厉地批评可以震慑男孩，但是一味地批评效果可能并不好，甚至会引发男孩子"破罐子破摔"的逆反心理。家长"温柔"地对待男孩子的说谎行为，让他们体味到家长的理解和宽容，由心虚到自发地反省，继而悔改。

一个诚信的男孩在人际交往中备受欢迎，能结识更多的朋友，得到更大的帮助，受到更多的关怀，这对孩子的身心健康无疑是非常重要的。更重要的是，一个诚信的男孩长大之后成功的机会就会变得更多。

长大之后上"清华"

男孩的成功之路，需要高远的目标、永不满足的进取精神和咬定青山不放松的坚定意志。

因此，智慧的家长会在穷养男孩的过程中，引导立足现实尽早地树立目标，并将目标化作前进之路上的灯塔。目标可以不停地鞭策男孩，推动男孩不断前进，最终叩开成功之门。

一天，上六年级的小林又拿回来一张第二名的奖状。"嗯，不错，爸爸希望你能继续努力。"相对于妈妈的兴奋，爸爸表现得还算平静。见爸爸如此平静，小林便觉得没什么意思，想回自己的房间。这时，爸

爸叫住了他。

"你的成绩在学校几个班里算不算好呢?"爸爸问。

"不知道,我想应该还可以吧。"小林沉默了一会儿,才回答。

"那你长大之后想上什么大学?"

"清华。"小林没有丝毫犹豫,张口就回答了爸爸的问题。

"去了之后想学什么专业呢?"爸爸问。

"电子。"看来小林在心里早就给自己定下了目标,爸爸有些惊讶,才上小学六年级的他怎么就知道电子这个专业呢?

"大家都知道清华好,都想上清华,中国有无数个和你年龄差不多的人都抱着这样的想法,你确定自己将来一定能赢过那些人吗?"爸爸问。

听了爸爸的话,小林显然有些不服气,他觉得爸爸轻视他。但是他什么也没有说,只是噘着嘴,表达自己的不满。

爸爸无视他的"抗议",继续说道:"所有人都想去清华,谁先做好准备,投入最大的精力,那么谁就能笑到最后。"

"我现在就很努力了,这一次不是拿了一个第二名吗?"小林听出了爸爸话里的意思,他拿出自己考试第二名的事实来为自己加分。

"爸爸问你,清华仅仅在你们班里招生吗?"爸爸反问道。

这一次小林没什么话说了。

"虽然你现在在你们班里学习成绩算不错的,但是你有没有想过,想要进入清华,你面临的是全国性的竞争。"爸爸继续教育小林。

小林沉默了一会儿问:"爸爸,那我应该怎么办呢?"

"对策其实很简单啊,你现在就要努力学习,把时间多向学习上倾斜,眼界要放宽,不要仅仅局限于班级里。你既然树立了目标,就要不断地激励自己,鞭策自己,那么考上清华还是有希望的。"

通过这次谈话,小林明白了自己应该怎么做才能实现目标,学习更加努力。

面对竞争日益激烈的社会，爸爸妈妈有必要让男孩从小树立目标，珍惜时间，尽快地为自己的梦想做准备。这样，男孩才能从现在开始，不断地为实现自己的目标蓄力，早在竞争中占据有利的位置，实现自己的梦想。

在这个过程中，男孩难免出现懒惰、骄傲的情绪，家长要注意观察，及时纠正，不断提醒鞭策，让男孩战胜惰性，超越自己。假如做到了这一点，那么男孩就能百尺竿头更进一步，攀登上事业的巅峰。

第十章
穷养男孩的关键是让其思维闪光

月亮是怎么做出来的

在很多父母的眼中，男孩的脑袋里好像装了一个魔法盒子，在那里，孩子们可以在月亮上踢足球，动物可以举行运动会，恐龙可以穿越时空来到现在的动物园，连爷爷奶奶脸上的皱纹也可以用电熨斗烫平……男孩的种种奇思妙想经常让父母难以理解。

这个时候，父母千万不要用所谓的科学答案来扼杀孩子的想象力，最聪明的做法是鼓励和引导他们的思维，让男孩有一个属于自己的奇思妙想空间。

晓欣是个聪明调皮的男孩，经常有一些奇思妙想，说出来让人惊讶。每次晓欣说出自己的奇怪想法，妈妈都认真听，从来没有否定过，细心呵护孩子的想象力。

这天，妈妈正在包饺子，晓欣坐在旁边看，忽然提了一个很奇怪的问题："妈妈，你说天上的月亮是怎么做出来的？"

妈妈听了之后并没有回答，而是启发晓欣道："你先自己想一想，然后告诉妈妈你的想法。"

于是晓欣便开始认真地思考起来，他看着妈妈揉面，擀面皮，包饺子。看了一会儿，晓欣兴奋地说道："妈妈，我知道月亮是怎么做出来的了，是用做太阳剩下来的边角料做的。"

妈妈"哈哈"地笑了起来，在晓欣的小脸蛋上亲了一下，说："宝贝，你真是太厉害了，想象力很丰富，别的孩子肯定想不出这样的

答案。"

在妈妈的刻意培养和引导下,晓欣的思维很有跳跃性,想象力也越来越丰富了,各科成绩也非常好。尤其是作文,按照老师的话说就是"特别有想象力",经常被当成范文在班上展示。

晓欣的妈妈是一位聪明的妈妈,懂得呵护孩子的想象力。但遗憾的是,在现实生活中,很多父母有意识地打压男孩充满想象力的言行,认为孩子只要记住知识就可以了。如此一来,孩子最终也就变得和大多数人一样,没有了创新的欲望和能力。

所以在生活中,家长要尊重孩子的想象力,留意他的奇思妙想,鼓励他,支持他,赞赏他。这样才会让男孩变得越来越有信心,乐于插上想象的翅膀,丰富自己的人生。

除了要尊重孩子的想象力与创新能力之外,家长还要保证孩子成为活动的主角。与男孩一起玩耍的时候,一定要让男孩做自己喜欢的事情,让孩子自己去发现问题,去解决问题。这样才会给男孩留下足够的想象空间,激发出男孩更多的奇思妙想,而男孩也会在想象的过程中玩得更加尽兴。

总之,面对孩子表现出来的奇思妙想,作为父母的我们要学会放开双手,为孩子创造一个更加完美的想象空间,让孩子的思维创造能力更上一层楼。

福娃之间的区别

作家桑姆·金丽曾经这样概括成年人的思维特点:"我们的眼睛变得只盯着追求的目标,以至于对眼前的玫瑰花也不惊奇。"而孩子的思维方式和成年人则完全不同,他们眼中所看到的不限于目标,思考问题方式和角度也非常奇特。成人视而不见的玫瑰花在孩子的眼中就是美的

化身,是非常值得珍视的存在。

因此,穷养男孩,爸爸妈妈需要站在孩子的思维上看待问题,尊重孩子看待问题的视角,鼓励他们的奇思妙想。很多时候,成功往往就在一念间,能够突破思维上的定势,想别人不能想,另辟蹊径,自然距离成功的大门更近。

立志是个精灵古怪的小男孩,观察事物的角度非常独特。上小学一年级时候,他问妈妈:"妈妈,你知不知道五个福娃里面哪一个和其他四个不一样吗?"妈妈很奇怪,回答道:"宝贝,五个福娃各有各的特点,他们都是不一样的。"

立志听了后摇着头说:"不对,五个里面有一个很特殊,和其他四个长得明显不一样。"听立志说得这么肯定,妈妈便放下手中的活,蹲下来很认真地向立志请教,想要知道在立志眼中哪一个福娃是特别的。

见妈妈重视起来,立志很骄傲地说道:"五个福娃里面只有迎迎有眉毛,其他四个都没有眉毛。"

妈妈听了很惊讶,连忙打开电脑查了一下,发现果真如立志说的那样,于是对立志的观察能力大大表扬一番,并且鼓励他将每个福娃的特点都找出来,当天母子俩还专门讨论了一下奥运会的知识。

现实生活中,很多父母对家中男孩的发现采取了一种回避和斥责的态度,甚至有些家长会嘲笑男孩的发现,打击男孩的自尊和自信。这些家长经常说的一句话就是:"好好待着,别整天胡思乱想,问来问去的,很烦!"这样的回答无疑扼杀了孩子的创新能力。

而智慧的家长一般都这样做:

当男孩子问一些稀奇古怪的问题时,耐心解答。假如男孩像个小喇叭一样向家长报告他的小发现,家长千万不能粗暴武断地否定他。要知道不管他们的问题多么天真、多么幼稚,都是他们为认知这个世界迈出的第一步。

在男孩的成长过程中，要学会倾听男孩的想法。家长应耐心听男孩讲完自己的想法，并鼓励男孩将自己的想法付诸行动。当男孩意识到很多发现都能转化成小发明的时候，他们的创新积极性会更高，学习起来也更加努力。

必要的时候，给予男孩物质上的奖励。对男孩的新发现，爸爸妈妈除了常规的语言赞美之外，也可以给予他们一些物质上的奖励，一来是为了激励男孩更加上进，二来也是为了给他们的发明提供一些纪念品，让他们获得更大的鼓舞。

和男孩一起拆修玩具

有些家长经常抱怨家里的男孩："我家的孩子简直就是个玩具'毁灭者'，什么玩具到了他的手中，转眼间就成了一堆零件。"因为这样的原因，有的家长觉得男孩不知道珍惜玩具，甚至威胁他们"以后再也不给你买新玩具了"。

其实很多时候，男孩子拆卸玩具的举动并不是单纯的破坏行为，其背后隐藏着探索的欲望，这不过是他们认知环境的一种方法。智慧的家长会认同男孩子的这种行为，而不是采用压制的手段，让男孩子放弃这种探索。

妈妈正在厨房忙着准备晚饭，让七岁的谢庆云自己去客厅玩。谢庆云一个人先是打开电视，并没有找到自己喜欢的节目，便关上电视在客厅里"扫荡"，想要找件自己感兴趣的事情做。

这个时候，谢庆云看到一辆崭新的玩具电动汽车，是他上周缠着妈妈买回来的，但是只玩了几天，就被他遗忘在客厅花盆后面的角落了。拿着电动汽车，谢庆云突然有一种想法：将它拆开看看里面的结构，然后再组装起来，岂不是很有成就感？

想到这儿,谢庆云便坐在了地上"研究"起电动汽车的结构来,不一会儿,他的面前便多了一堆小零件。

妈妈从厨房走出来,看到那堆小零件,怒气不打一处来。小汽车上周刚买来的,这才过多久啊,就"阵亡"了。"妈妈给你买的电动汽车,你才玩了几天,就把它拆成一堆零件,以后别想让妈妈再给你买玩具!"妈妈恨恨地说道。

"我只是想看看小汽车的轮子是怎么动的,里面的结构是什么。而且我看完之后还能将小汽车组装好,像新的一样!"见妈妈生气,谢庆云很不服气地说道。

听儿子这么一说,妈妈似乎意识到了什么,儿子将小汽车拆开是为了看看里面的结构,不正好锻炼了探索能力吗?

想明白这一点,妈妈的态度立即转变,微笑着对谢庆云说道:"儿子,爸爸一会儿才能回家呢,妈妈闲着没事,和你一起拆小汽车好不好?"见刚才还凶巴巴的妈妈一下子阳光灿烂起来,谢庆云的心也轻松起来,于是便和妈妈一起拆起电动汽车来。

妈妈的手很灵活,几下就将剩下的部分全部拆下来。妈妈问谢庆云:"儿子,小汽车拆完了,你发现汽车轮子是怎么转的了吗?"谢庆云指着轮子旁边的电池槽说:"这里提供电力,然后驱动轮子旁边的齿轮,汽车轮子轴上也有一个齿轮,两个齿轮咬合在一起,轮子也就转起来了!"

妈妈很高兴,虽然儿子说得有点混乱,但是他还是自己发现了其中的奥妙。接着妈妈鼓励儿子自己动手将小汽车再组装起来,遇到谢庆云停手的时候,妈妈便在一旁指点帮忙,没过多久,那辆崭新的小汽车就出现在妈妈眼前了。

教育专家认为,孩子将自己感兴趣的东西拆开,是探索的一种表现。很多男孩子喜欢将家中的玩具拆开,看看里面有什么,为什么会动,为什么能发出声音。此时,他们沉浸在探索的乐趣之中,并最终通

过自己的努力寻找答案。

对待男孩子拆玩具的习惯，爸爸妈妈首先要抱有一种宽容的心态，因为男孩破坏的过程也是一个学习的过程。不要斥责正在拆玩具的孩子，更不要说威胁他们"以后再也不给你买新玩具了"，因为爸爸妈妈的这些斥责和威胁，很可能将男孩子可贵的探索精神扼杀掉。

另外，对男孩子拆玩具的行为，家长除了鼓励之外，还可以参与。要知道，男孩子拆玩具的过程是一个手眼协调的过程，能够锻炼男孩子的思维能力。也就是说，鼓励男孩子拆玩具，就是鼓励他们进行创造性的思维，最终让他们对更多的事情产生兴趣。家长参与进来，提一些问题启示男孩，引导和帮助他们，一起寻找最终的结果。找到了这些答案之后，再一起动手将玩具组装好，恢复原样。男孩在这样破坏——探索——恢复的过程中不断获得心理上的满足，锻炼创新能力。

另外，家长要为男孩选择合适的玩具。结构太复杂的玩具并不适合男孩拆解，所以家长最好给男孩子买一些组合性质的玩具，不仅拆解起来简单，组装恢复也相对容易。这样一来既锻炼了男孩子的动手能力和思考能力，也让男孩子增强了信心，在以后更加乐于探索。

创造者的晚宴

智慧的家长在穷养男孩的时候，会特别注重开发男孩的创造能力。要知道现代社会是一个富有创造力的社会，未来社会也必将需要更多具有创造力的人才。也就是说，越具有创造力的人越容易融入社会中，为社会所认可，更快速地实现自己的价值。

鉴于此，当男孩子表现出创造力的时候，爸爸妈妈需要做的是引导、放大，让男孩感受到创造的乐趣，从而变得乐于创造。时间久了，次数多了，创造便成了男孩的一种习惯，成为男孩生活和学习中不可或缺的行为。

周五下午放学，李琦打开家门，发现妈妈和爸爸在厨房包饺子。李琦并没有表现得多么兴奋，在他看来，吃顿水饺是再平常也不过的事情了。

妈妈说："宝贝，你洗洗手，也来帮助妈妈包饺子，好不好？"李琦以前虽然吃过很多饺子，但是他却从来没亲自动手包过。男孩子总是对自己没做过的事情充满了好奇，听妈妈这么一说，李琦便将书包放下来，将手洗干净，然后学着妈妈的样子包起饺子来。

"来，你看看我怎么包饺子，然后照着做，就会了。"妈妈边说要领边做示范，将包饺子的每一个细节都展示在李琦眼前。

看了几次，李琦便开始包起来。"馅儿放多了，拨出点来，然后捏皮，折角。"看着李琦手上的动作，妈妈在一旁不停地指挥，李琦动手能力还是很强的，没过多久就掌握了包饺子的基本方法，虽然包的饺子形状不一，大小不等，胖瘦不均，但是毕竟这是李琦第一次包饺子，没包破皮儿就算成功了。

但是刚刚正儿八经地包了五六个饺子，李琦便懈怠起来，不想再包了。"妈妈，这样包饺子真的很没有意思。"果然，李琦又开始"跳跃性思维"了。"那怎样才有意思呢？"妈妈有点不明白李琦的想法，搞不懂他想做什么。

"看，就是这样。"李琦开始实践自己的想法，先是拿出两张饺子皮，在一张饺子皮中间放了菜馅，然后将另一张覆盖在上面，用手指沿着面皮边沿压紧，使得上下两张面皮粘在了一起。这种做法让妈妈想起了做"火烧"的方法，两张面皮夹着饱满的肉馅，在锅里烙熟。

将面皮边沿压实之后，李琦又开始在面皮边沿捏出一个个的小花边，然后拿到妈妈的面前，得意地说："妈妈，你看我做了一个向日葵！"妈妈看着李琦的作品，真的和向日葵有几分相似。

"哎呀，我的小宝贝真厉害！"妈妈夸赞道。被妈妈这么一夸奖，李琦更加得意了，他兴奋地说："爸爸，妈妈，我还会做很多别的东西

呢！"说完便动手做起来，一个个面皮在他的手中迅速地变成了小鱼、熊猫、小狗……一连做了好几种动物。不过看在妈妈眼中，李琦属于抽象派艺术家，看了半天，很多形状都看不出是什么东西。不过这说明李琦的创造力很强，想象力丰富。

妈妈引导李琦道："你做的这些都是动物，在这个世界上，除了动物外还有很多植物啊，你还可以做很多植物，要知道很多动物都是生活在森林里的。"

李琦点头称是，又开始动手做起了大树和花草，这个时候爸爸和妈妈也加入李琦创造森林的行动中去。很快，李琦前面的盘子里就装满各种各样的"植物"。

饺子下锅，一向不怎么进厨房的李琦却站在锅边望来望去，盯着自己创造出来的动物和植物们，仿佛那些都是他的孩子。爸爸妈妈暗暗发笑，之前可是很少见儿子对饺子如此上心过。

饺子煮熟后，妈妈将饺子盛放在盘子里，端到了餐桌上。看着自己的作品，李琦拍着手，很高兴，拿起筷子趁热就吃了一个。妈妈提议给李琦的作品命名，爸爸想了想，说道："创造者的晚餐。"妈妈和李琦拍手称好。

当男孩表现出思维上的创造性时，父母千万不要被其"破坏性"所误导，要知道和背后隐藏的思维创造性相比，那点破坏性是微不足道的。遗憾的是，生活中很多父母意识不到这一点，把男孩的创造性劳动视为顽皮淘气，甚至动手教训一番，这样一来，虽然男孩子变乖了，其创造能力也被无情地扼杀了。

因此，在男孩的成长过程中，家长要多支持他们的"破坏行动"，因为思维创新的行为很多时候会表现为"破坏"。家长不要去"镇压""封杀"男孩的创造性活动，相反，要放手甚至是和男孩一起去"疯"，才能让男孩子变得更有想象力和创造力。

给故事编一个结尾

陪男孩阅读，也是培养男孩思维能力的重要手段。智慧的父母，总是尽量挤出一些时间陪男孩一起阅读，用最有吸引力的故事来感染他们、激励他们，用最奇妙的提问来启迪他们。

在阅读的过程中，父母可以利用多种方式，引导男孩思考。让男孩为故事编结尾，就是一个很好的方式。在孩子讲述结尾的时候，父母一定要做最忠实的听众，最好能够让男孩感受到自己的浓厚兴趣和期盼之情，这样才能激发男孩更大的参与动力，让他们更好地去想象、去思考。

自从冯亮上了小学，妈妈便热衷给他讲故事。妈妈那时候讲的故事有点"另类"，因为故事往往有着美妙的开头，却少了充满悬念的结尾。虽然这个方法看似简单，但是却成功地开发了冯亮的思维创造能力，让他的想象力变得更加丰富起来。

记得有一次妈妈的故事是这样的："在一个大树下面徘徊着一只狐狸，它非常狡猾。因为好几天没有吃东西了，它饥饿极了，肚子一直在'咕咕'地叫着。忽然狐狸听到树上有响声，抬头看的时候发现一只小松鼠正在上面蹦蹦跳跳，玩得很高兴。狐狸眼珠子一转便想到一个坏主意，它对在树上玩耍的小松鼠说：'小松鼠，小松鼠，你知道吗？你的爸爸妈妈都会闭着眼睛从树上跳下来的绝技，你会不会？'小松鼠说：'我当然会了。'说着，它便闭上了眼睛从树上跳了下来。狐狸惊喜万分，赶紧跑了过去，将跳到地上的小松鼠抓了起来，刚要往嘴里送的时候……后来聪明的小松鼠并没有被狐狸吃掉，儿子，你知道小松鼠想了什么办法从狐狸的嘴下逃生的吗？"

冯亮转动着大眼睛，想了想说："一定是小松鼠说它还没洗澡，身上臭臭的,请求狐狸先让它好好洗一次澡,然后它就找了一个机会逃跑了!或者松鼠是不是找了很多好吃的送给了狐狸,然后狐狸吃饱了,就不想吃小松鼠了……"

冯亮想了很多结尾,妈妈轻轻地抚摸着他的头,一个劲地夸奖他道:"宝贝,你的结尾太精彩了,妈妈今天要给你做最爱吃的红烧排骨,好好地奖励你一下。"

续编故事的结尾其实是一种思维创新能力的重要训练。童话故事一般情节曲折,内容有趣,充满梦幻和悬疑色彩,所以很受男孩的喜爱。在男孩听故事的过程中,会在头脑中勾画出相应的人物形象和动作活动,锻炼他的想象力和创新思维。而让男孩为故事编一个结尾,则更能促使男孩进行发散思维,是锻炼创造性能力的好方法。

所以生活中,爸爸妈妈不妨在讲故事的时候给男孩子留下一个空白,让男孩自己补充完整。比如爸爸妈妈可以用"且听下回分解"的语句来激发男孩的想象力,在讲到精彩处多问男孩"他们应该怎么办才好呢""后来又发生了什么事情"之类的问题,引导男孩展开想象,从多个角度续编故事。

有时候,男孩也许补充不出故事的空白,这个时候父母不能着急,男孩讲不出的原因可能是父母引导不当,要尝试换一个角度引导,不断地调整提问方式。一个故事不行,可以多讲述几个,这样男孩的思路便会慢慢打开。等到男孩有了一定的认识和掌握一定技巧后,再有针对性地提一些开放性的问题,启发他们向更广泛的角度思考。

另外在讲故事的过程中,家长不要抱有任何功利性的目的。男孩补充的情节,内容并不重要,重要的是他思考了、想象了。假如这个过程中家长太功利,只会束缚男孩的想象和思维。

最美味的午餐

哲学家别林斯基说:"人的生活像广阔的海洋,在它的深处保存着无数的奇迹。"在我们的生活中,有很多的奇迹等待我们去发现,假如我们不懂尝试,就会错过很多有趣的事物。假如男孩缺乏尝试的欲望,那么他就永远无法获得真知。所以爸爸妈妈应该鼓励家中的男孩子去勇敢尝试,让男孩子养成敢于探索的好习惯。

爸爸要去外地出差,谢伟觉得再也没有人管自己,高兴起来。但是妈妈却有点不高兴,对谢伟说:"爸爸出差你就高兴,但是妈妈可就惨了,下班回家还要急急忙忙地给你做饭吃。"原来爸爸的工作比较轻松,每天都会提前将饭做出来的,爸爸出差,自然妈妈就要承担起做饭的重任。

见妈妈这样说,谢伟立即拍着胸脯,对妈妈说道:"爸爸不在家,还有我呢!我给妈妈做饭吃!"看着儿子一副想要尝试的样子,妈妈仿佛有了"依靠"。但是妈妈转念一想,谢伟之前从来没有单独做过饭,担心他切菜切到手指头,不会使用燃气灶……

即使担心,妈妈也希望儿子尝试一下,因为这个过程可以锻炼他的探索精神和创新能力。要是担心这个担心那个,不让儿子放手去做,儿子就可能事事依赖父母,什么也不想做,长大后缺乏探索的勇气,没有什么创新能力,这对他的发展来说是非常不利的。

于是妈妈便装出"恍然大悟"的样子,对谢伟说道:"对对!还有你呢,你已经长成一个男子汉了!"听妈妈这么说,谢伟跳了起来,他觉得有了妈妈的支持,自己可以大胆去尝试了。

第二天,当妈妈下班回家后,就看到了餐桌上摆放好的盘子,为了防止菜变凉,上面还各自扣了一个盘子。原来谢伟放学回家之后早早地跑回家,将菜择好、洗好,学着妈妈的样子炒熟。看妈妈回来,谢伟立刻说:"妈妈,快洗手,我给你盛饭去!"

妈妈觉得谢伟一下子长大了,欣喜地洗完手,端着饭,拿起筷子大口大口地吃起来。旁边的谢伟紧张地问妈妈:"味道怎么样?"妈妈点头:"味道好极了!"妈妈的夸奖让谢伟高兴极了。其实菜并不怎么好吃,还有些生,但是妈妈依旧吃得很夸张,她为儿子的勇敢尝试而高兴。

每个男孩子都有好奇心,都存在尝试的动机,对新奇的事情跃跃欲试。但是生活中,有很多家长因为种种担心,对男孩表现出来的尝试心理采取一种打压的姿态。这样做虽然保证了男孩子所谓的"安全",但是也剥夺了男孩子的尝试机会,压抑了他们的探索欲望。

最重要的是,尝试是男孩子创新的起点。当一个男孩习惯尝试做一些自己不了解的事情时,他会在这个过程中不断发掘未知领域,体验探索的乐趣,最终收获创新的能力。而创新能力则是一个人立足社会必不可缺的,拥有这种能力的人能走得更远,站得更高。

具体来看,家长应该做到以下几点:

要相信男孩子的能力。很多家长阻止孩子去尝试新事物,很大一部分原因在于担心男孩子做不好,甚至会因此带来危险。其实,男孩子的能力并不像家长想象的那么低,况且不做永远不知道怎么做,只要相信男孩子的能力,敢于放手,他们就能获得锻炼。

鼓励男孩子去尝试,并在尝试的过程中积极引导。当男孩表达想做某事的欲望时,家长一定要大力支持,最好参与进去。比如一个男孩想要做一个美丽的风筝,问妈妈:"我能用家里的彩纸和胶水做风筝吗?"妈妈虽然想到地板会被弄脏,但还是鼓励男孩去做,男孩就真的自己摸索着做出风筝来。男孩在这种尝试中获得了技能和信心。

涂鸦风波 VS 探索心理

对男孩子来说,学会探索,乐于探索,是非常重要的。很多时候,男孩的探索,其实是创新的一种前奏,对孩子今后的成长大有好处,对学习也是一种有益的促进和提升。所以爸爸妈妈要鼓励家中的男孩子进行探索,让家中的小男孩在探索的过程中找到乐趣,学会创新。

王渊今年十岁,比较调皮好动。有一天,他无意中走进了妈妈的书房,对妈妈书房里摆放的各色颜料产生了浓厚的兴趣。妈妈在学校教美术,书房中有一些备用的颜料和画笔,平时为了防备王渊搞破坏,把书房列为他的"禁地",没有妈妈的允许是不能进入的。

但是王渊没想到的是,对自己这次"偶然"的闯入,妈妈并没有生气,而是鼓励他随便看。因为她发现了王渊对颜料感兴趣,觉得这是一个培养王渊探索能力的好机会。

妈妈问王渊:"儿子,你对这些颜料感兴趣?"王渊快速地点着头。很明显,妈妈书房中的这些颜料深深地吸引了他。妈妈对他说:"那你自己随便看吧,妈妈正好要出去一会儿,记住了,别给我弄乱。"说完,妈妈走出了书房,提起包出门办事情去了。

妈妈走后,王渊好奇地从卫生间接来水,将颜料化开,然后兴奋地拿起妈妈的画笔,在地板上画了起来。接着,他发现书房四面雪白的墙壁很适合自己画画,就站起来在上面自顾自地画了起来。他画的是那么专心,先是画了一只大老虎,而后又把家里的小狗画了上去,他觉得自己画得好极了。

妈妈回来了,一走进书房,就被眼前这面"花里胡哨"的墙惊呆了。但是妈妈想了想,并没有批评王渊。因为妈妈觉得,这其实是孩子的一种探索行为。第二天,妈妈为王渊买了一套儿童用的绘画工具和一

面涂鸦黑板，王渊非常高兴，在自己的房间尽情地挥洒去了。

可以想象，假如王渊的妈妈不准王渊动自己的颜料和画笔，或者事后大发雷霆，很可能就会浇灭王渊探索的火花，这对孩子来说是非常残酷的。

牛顿说过这样的话："我好像是在海上玩耍，时而发现了一个光滑的石子儿，时而发现一个美丽的贝壳而为之高兴的孩子。尽管如此，那真理的海洋还神秘地展现在我们面前。"牛顿的话表明了探索精神的重要性，当男孩子敢于探索的时候，他也就有了寻找快乐的能力，有了迈向真理的可能。

男孩子的探索心理是天生的，在他们的思维发展过程中，对任何事物都可能产生疑问，并且会产生强烈的探索冲动，而这种冲动正是男孩子探索能力的萌芽。因此，父母在日常生活中，要多鼓励男孩子的探索行为，做他们的坚强后盾，这样男孩在探索的时候才会心无旁骛，为将来的成功奠定基础。

家长可以多带男孩子到大自然中去。支持和鼓励家中的小男孩接触大自然，让孩子在广袤的大自然中探索未知的事物，领略发现美好的惊喜，对孩子养成探索的良好习惯是非常有帮助的。

家长也可以给男孩子买一些探索类的书籍。家长可以根据孩子的爱好买一些探索类的书籍，摆放在孩子的床头和书桌上。孩子业余时间阅读这类书籍，会从中了解世界的神奇，享受探索所带来的乐趣。长期坚持下去，势必会对培养孩子的探索能力起到一个良好的促进作用。

有趣的脑筋急转弯

穷养男孩，爸爸妈妈要特别关注男孩在思维上的创新。很多时候，妨碍人们学习的最大障碍并不是未知的东西，而是已知的东西。每个人

在刚刚接触这个世界的时候,都会有着闪光的思维创造力,所以这个时候也是各种"第一次"频现的时期。随着年龄的增长,人们知道的东西越多,思维的习惯也就越固定,继而形成一种惯性,导致创造力降低。

对男孩而言,他们未知的东西多,已知的东西少,所以常规思维较少,创造性思维较多,受到思维定式的影响相对较少。在这个时期,家长应引导孩子进行"反思维定式"训练,对培养男孩的创新思维大有好处。

所谓的思维定式是指人们因为局限于既有的信息或者认识的一种思维现象。一个人在既定的环境中工作和生活,时间久了便会衍生出一种固定的思维模式,让人遇事习惯从固定的角度观察事物,以老套的方法来解决问题。虽然思维定式能够让我们在解决某些问题的时候节省很多的时间和精力,但是也在很大程度上束缚了我们的思想,让我们习惯用常规的思维去解决问题,而不是探索捷径,创造奇迹。

所以在男孩的成长过程中,爸爸妈妈需要鼓励他们解放思维,支持他们的一些新奇设想和实践。和男孩玩一些思维性比较强的游戏,可以使男孩不断地练习思维的跳跃性,帮助男孩子打破一些定势思维。

施昱上小学后,每天吃过晚饭,妈妈和他经常会重复这样的对话,当然每次的对话内容都是不同的。

妈妈:"什么人不敢洗澡?"

施昱:"病人。"

妈妈:"你的答案明显不对,有很多病人都是需要经常洗澡保持清洁的。应该是泥人哦!"

施昱:"对啊,对啊,泥巴捏的一洗澡就坏掉了。"

妈妈:"什么动物你把它打死了,它流的血却是你的?"

施昱:"这个我知道,我知道,是蚊子,对不对?"

妈妈:"不错啊,你变厉害了。"

施昱:"现在轮到我考你了!一个动物被你打死了,但它却流着你

的血,这是什么动物?"

妈妈:"这个咱们刚才不是已经说了吗?蚊子。"

施昱:"我有自己的答案,不是蚊子,是跳蚤。"

妈妈:"哈哈,不错,有道理!"

这种"脑筋急转弯"式的思维训练对打破施昱的思维定式起到了很好的效果,在日复一日的练习中,逐渐长大的施昱大脑并没有被一些习惯性的思维束缚住,相对于同龄孩子,他的鬼点子显得层出不穷,学习成绩也名列前茅。

要知道思维定式一旦形成,就会阻碍人创新能力的发展。所以在日常生活中,家长应经常性地对男孩进行"反思维定式训练",多和他们玩一些脑筋急转弯的游戏,多鼓励他们实践一些奇思妙想,引导孩子"不走寻常路",这些都能有效地避免孩子陷入思维定式的怪圈中。

有好奇心的男孩最聪明

心理学研究发现,小学阶段是男孩丰富和发展思维的最佳阶段。在这个年龄段孩子眼中,这个世界非常奇妙,他们喜欢用各种方式来表达对世界的体验和想法,展现他们无穷无尽的想象力和好奇心。

智慧的家长都明白,男孩的任何创新都萌芽于看似幼稚的"异想天开"之中,所以小心翼翼地呵护男孩的好奇心,引导男孩发散思维,为他们插上智慧的翅膀。

邢亮小的时候古怪精灵,让爸爸印象最深的就是观察力很强,好奇心也很强,每天都有许许多多的新发现新问题,要迫不及待地和爸爸分享。

假如带邢亮去趟植物园,邢亮就没有一刻安静,不停地观察,不停

地说。"爸爸，原来鱼在水里也要呼吸啊。""爸爸，原来小猫会自己用爪子洗脸呢。""向日葵是为了模仿太阳才变成这个样子的吗？""大树为什么可以长这么高？为什么小草不行？"邢亮的问题和发现有点让爸爸招架不住，但是爸爸从来都不厌其烦地听邢亮说，尽最大可能为邢亮解答问题。

邢亮还对浴室里各种瓶瓶罐罐很好奇，趁爸爸妈妈不注意，把洗衣液、洗发水、沐浴露全都倒进一个大盆里，拿一根筷子不停地搅拌。当妈妈发现时，他已经把浴室弄得一片狼藉。妈妈大发脾气，声音一下子高了八度。爸爸赶紧把妈妈拉到一边，提醒她不要训斥孩子。

安抚好妈妈，爸爸走过去，问邢亮："你要做什么呀？"邢亮认真地说："这些东西平时都有泡泡，我好奇，它们掺和在一起，能不能产生一个超级大泡泡。"

听到这儿，爸爸哈哈大笑起来，然后真心地夸奖他："儿子，你真是太厉害了，居然有这样的想法！不过，结果怎样，有没有超级大的泡泡。"邢亮沮丧地说："实验失败了！"爸爸鼓励他说："没关系，我相信你总有一天能制作出超级大泡泡。""我一定能。"邢亮自信地说。

在爸爸的一次次赞赏和鼓励下，邢亮发现问题的积极性变得更高，学起知识来也就更加用心，成长为一名优秀的小学生。

邢亮爸爸的做法值得借鉴，因为他的鼓励与赞赏，一来保护了邢亮的好奇心，鼓励他更加积极地发现未知，探索未知；二来促使邢亮进行更深层次的思考，更好地锻炼他的创新思维。

在日常生活中，家长要精心呵护男孩的好奇心，支持男孩的探索活动，允许男孩的一些"破坏"行为。这些都有助于男孩思维能力的发展。

在这一过程中，爸爸妈妈的意见要达成一致，不要一个支持一个反对，更不要因为是否支持而在男孩面前争执。要知道，男孩的好奇心也是十分脆弱的，当他受到打击，可能就会突然对曾经关注已久的事情失去兴趣。

第十一章
穷养男孩的良好人际交往能力

一次难忘的夏令营

友谊是能带给人幸福体验的情感之一，没有伴儿的孩子是孤单的，也是可怜的。形单影只的男孩要么孤僻自闭，要么老气横秋，没有一点的灵动气息。男孩的健康成长是需要朋友的，他的成长过程因为有朋友的陪伴而变得温暖和幸福。

智慧的家长，都懂得朋友对男孩成长的影响，为男孩创造更多的机会，结交更多的朋友。

在李峰的成长过程中，爸爸非常重视李峰的人际交往情况，经常为李峰创造交友的机会。比如爸爸会组织几个家庭一起出游，也会带着李峰参加别人组织的活动。家长们带着各自的孩子，一起玩耍，一起讨论孩子的教育问题和家里的琐事。爸爸希望通过这样的社交活动增加李峰和别的孩子接触的机会，为他以后人际关系的发展奠定基础。

在李峰上小学四年级的时候，爸爸专门给他报了一个夏令营。之所以报这个夏令营，一来是为了锻炼李峰的独立意识，让他尽快学会自己做事；二来是为了让他认识更多的小伙伴，学习怎么和同龄人打交道。在那个夏令营里，李峰和来自全国各地的孩子们一起生活了一个月，他们在一起学习，一起玩耍。

一次野营，李峰和一个来自银川的男孩乐乐分在一个帐篷里。一个月的时间，两个孩子朝夕相处，共同度过了很多人生中的"第一次"。在这期间，李峰第一次对乐乐说："我真的很佩服你！"在这之前，李峰一向都是很骄傲的，总觉得自己什么都能做好，别人什么都比不上他。但是在夏令营里，他发现了乐乐身上的很多优点，自然而然地心服口服。李峰认识到人外有人，性格变得含蓄很多，显得更加沉稳，更加懂事。

夏令营结束的时候，李峰和乐乐抱在一起，久久不愿分离。后来李峰对爸爸说："在机场的时候我原本没打算哭的，但是真到和乐乐分手的时候，我却没有忍住，眼泪就顺着脸掉在地上。"在爸爸印象里，这是李峰第一次因和别人分别而流泪，将成为他成长历程中最美好的回忆。

回家之后，李峰还不断地念叨着乐乐的名字，回忆着和他在一起做的事情。"真想乐乐现在能出现在我的面前！"李峰失魂落魄地说道。爸爸说："虽然你们不在一个城市，但是可以通信呀，可以做好笔友。"在爸爸的鼓励下，李峰开始给乐乐写信，把生活的点点滴滴都写在信里。信寄出后，他便期待着乐乐的回信。第一天，第二天，第三天，一直到第七天，李峰终于收到了乐乐写来的信，李峰非常兴奋。之后两个人一直保持着通信联络，一直到现在。

在夏令营，李峰找到了能和他说心里话的朋友，而朋友的优秀也让李峰由衷地钦佩。分别后，李峰又在爸爸的鼓励下继续与朋友保持联系。朋友的榜样效应远远胜过父母一遍又一遍地说教，李峰从朋友身上获得生机和活力，变得成熟起来。

由此可见，好朋友在男孩的成长过程中占有重要的地位。家长应该学习李峰的爸爸，为孩子创造更多的交友机会，丰富孩子的生活。

对于男孩来说，真挚的友谊可遇不可求，父母不应限制太多的条条框框，要创造更多的机会让男孩接触更多的人。不管是男孩还是女孩，不管是生活中的还是学习上的，不管是同班同学还是社区里的小伙伴，只要与男孩性格相投，能给男孩带来正面积极的影响，父母都应该支持。

你的朋友自己选

在男孩的每一个成长阶段都需要朋友。作为成年人，世界观和价值观都已经成型，有义务指导男孩的交友。但是在指导过程中不应该操之过急，更不能越俎代庖，替孩子选择朋友。假如父母强制孩子遵守自己制定的交友规则，那么孩子就可能将真实的自己隐藏起来，这样的话，想要真正了解孩子就变得千难万难，更不能真正解决问题。

王麟和晨晨本是一对好朋友，两个男孩都比较优秀，晨晨学习成绩更好一点。一天爸爸和王麟闲聊，问王麟："儿子，晨晨现在还是你们班学习成绩最好的吗？"王麟点点头，说："是的，他现在成绩在我们班里排第一，但是我和他现在已经不是好朋友了。"

爸爸很惊讶，很难理解之前还很要好的两个人怎么一下子就不是好朋友了。王麟说："晨晨很骄傲，只喜欢和学习成绩好的人一起玩，还不喜欢帮助别人，有不会做题的同学问他，他总是爱理不理的。虽然我学习也不差，但是看不惯他的做法。"

"是吗，"爸爸内心中有些小小的失望，"那你现在最好的朋友是谁呢？"爸爸继续问。"爸爸，这个问题我现在不能回答你！"王麟很狡猾地笑了笑，跟爸爸卖起关子。

这让爸爸想起之前和王麟定下的交友原则：交朋友一定要交班级里那些学习成绩好、品德好的同学，远离那些学习成绩不好、品行差的同学。为什么不愿意告诉爸爸他的新朋友是谁呢？可能就是现在的朋友属于后者，他违反了爸爸制定的交友原则。

记得王麟上幼儿园的时候，有段时间爸爸发现他说话时嘴里脏字不断，甚至学会了骂人。爸爸责备过王麟几次，要求他不许再说脏话，但是没想到王麟却反问爸爸道："我哪里说脏话了？什么是脏话？"爸爸

一下子明白了，王麟肯定是受了爱说脏话的小朋友影响。于是爸爸专门去了一趟幼儿园，找老师了解情况，果然不出所料，王麟喜欢和一个爱打架、骂人的男孩子玩耍。那个孩子连老师都觉得头疼，不知道如何管束。

爸爸觉得王麟年纪小，是非观念淡薄，交友的时候分不清好与坏，时间长了他就可能学坏。所以爸爸便很严厉地斥责了王麟一次，告诉他，以后不允许再和那个小男孩一起玩耍，因为那个男孩子是个"坏孩子"。

"可是他经常帮助我，我和他一起玩的时候很开心，别的小朋友再也不敢欺负我了。"王麟委屈不解地说。

"爱骂人、爱打架的孩子不是好孩子，那样会被大家讨厌的，你要是不想被大家讨厌，那么以后你就少和他一起玩。"王麟倒是很听话，后来真的不怎么和那个孩子一起玩了。

但是爸爸发现从那件事情后，王麟回家后很少和自己提起朋友的事情，也很少带朋友来家里玩了，也就是从那时开始，王麟身边的朋友便渐渐淡出爸爸的视线。爸爸有时候也会给老师打电话"侦查"一下，知道儿子身边都是学习比较不错的孩子，也就放心了。

但是现在王麟却不想跟爸爸说朋友的事情，这让爸爸开始反思自己之前的教育方法。再想一想自己为王麟制定的"交友准则"，其实是将自身的功利色彩掺杂进去了，它违背了孩子交友的根本目的，也让友谊的性质变了味道。为什么自己偏偏要求儿子必须和那些学习成绩好的人交朋友呢？学习不好的孩子身上就一点优点也没有吗？

爸爸专门找了一个合适的机会，很郑重地告诉王麟："儿子，以前制定的交友准则从现在开始作废，现在你就可以自己选择朋友，爸爸不会再干涉你，但是什么样的朋友不能交你心里要有数。"

现在，王麟已经成长为一个阳光灿烂的男子汉，在他的身边有很多朋友，学习好的，调皮的，喜爱运动的，练武术的……王麟和他们相处得非常融洽，在一起探讨学习，在一起打篮球，在一起练习极限运动。

看着王麟全面发展,爸爸内心也欣慰不已。

男孩交友的目的是和兴趣相投的人一起成长、一起分享,共度人生的美好时光。这里没有太多的功利性,男孩也不会想到这个朋友对自己有没有用,能帮到自己什么,他们享受与朋友相处的时光,获得愉悦的生命体验,并从友谊中汲取前进的力量。

智慧的家长不会粗暴地干涉男孩的交友活动,而是创造更多的机会,提供更大的空间,把选择朋友的权利交给男孩自己。但是这并不代表家长不管不问,因为男孩年龄小,社会经验不足,有可能会被眼前的假象迷惑,交到一些不良朋友,讲究所谓的"哥们义气",甚至因此做出错事。家长要细心观察,及时发现不良倾向,避免男孩酿成大错。

为新同学讲故事

很多父母在孩子小的时候,就总想着自己的孩子将成为职场上应对自如的管理人士,或者是商场上妙口生花的谈判高手,或者是叱咤风云的企业家,或者是令人尊敬的政治家……这样的成就,无不需要出色的社交能力。尤其是在面对陌生人的时候,能迅速地拉近彼此间的心灵距离,打开对方的心门,获得对方的信任。

但是很多男孩的表现让家长担心:他们习惯性以自我为中心,不懂得和周围的小朋友相处,攻击性很强……所以他们很不习惯跟陌生人说话,和熟悉的人也不好相处,这样的男孩将来又怎么能获得成功呢?

刘沁上小学一年级的时候,虽然很调皮,但是让妈妈头痛的并不是这一点,而是他只是一个人淘气,很少和周围的小朋友一起玩耍,颇有"独行侠"的风范。为此妈妈跟刘沁说过好几次,要他多和其他的小朋友一起玩,或者邀请别的小朋友来家里做客。但是刘沁表现得很为难,

经常对妈妈说:"我不知道该怎么做。"

有一天,刘沁放学回家,很神秘地跑到妈妈面前,说:"妈妈,今天下午我们班里转来了一个新同学,个头和我差不多高,我想和他交朋友。"妈妈一听,觉得这是培养刘沁人际交往能力的好机会,于是赶紧放下手中的报纸,温和地对刘沁说:"好啊,妈妈绝对支持你。你想和那个同学交朋友,那你打算怎么行动呢?"刘沁搔搔头,显然他还不懂得怎么伸出友谊之手。

妈妈见时机成熟,便拉着刘沁坐下,引导他说:"其实和陌生人交朋友并不难,只要你肯主动,关心别人,就等于成功了一半。"看着刘沁不明白的样子,妈妈继续说道:"儿子,妈妈给你讲一个故事吧,你认真地听完,一定会知道怎么跟那个新来的同学交朋友。"一听讲故事,刘沁便高兴起来。

妈妈讲了一个小故事:从前,有个小男孩在草地上玩耍,看见一只非常漂亮的蝴蝶被花上的尖刺弄伤了翅膀,于是他小心翼翼地将尖刺从蝴蝶的翅膀上拔了下来,然后把蝴蝶放回了大自然。后来那只蝴蝶为了报恩变成了一个仙女,对小男孩说:"你许个愿望,我就能让它成真。"小男孩想了想,说:"我希望自己有很多的朋友。"那个仙女在小男孩耳边悄悄地说了几句话,就消失不见了。之后小男孩果真有很多朋友,并愉快地度过了一生。有人问他有这么多朋友的原因,他只是笑着说:"仙女告诉我,要想有很多的朋友,你就主动去关怀他们。"

刘沁听了之后恍然大悟,说:"我知道怎么做了。"第二天,刘沁下课的时候便拿着自己的《七龙珠》漫画走到那个小朋友身边,很真诚地说:"我看你比较无聊,我这里有一本漫画书,我讲里面的故事给你听好不好?"就这样,没过多长时间刘沁就和这个新来的同学成了好朋友。

卡耐基曾经说过这样的话:"一个成功者,专业知识所起到的作用只占15%,而交际能力却能占到85%。"由此可见,人际关系的和谐与

否，人脉的丰厚与否，交往能力的强弱，是影响一个男人成功与否的重要因素。

家长可以利用以下几种方式锻炼男孩的人际交往能力：

鼓励家中的男孩子推销自己。当家中的男孩总是说"我不想……"之类的话时，家长应该鼓励自己的孩子推销自己，告诉孩子自信阳光的人走到哪里都会受人欢迎。当孩子学会推销自己的时候，便等于拥有了自信、乐观和阳光的性格，这样的孩子不管走到哪里，都有人喜欢和他交朋友。

鼓励男孩邀请同学来家中做客。当"小客人"们到来之后，爸爸妈妈要让男孩做真正的主人，负责全部的接待事宜。这样做的目的就是让他充分和同学互动，加深了解，建立良好的关系。

做一个认真倾听的孩子

有些家长可能有这样的苦恼：家中男孩子的"听力"似乎变差了，他总是"听不到"爸爸妈妈的话。其实和同龄的女孩相比，男孩缺少一种倾听的精神，他们或因为叛逆，或因为专注思考，总是习惯性地忽略别人的话。

在人与人间的交往过程中，倾听别人的话是尊重对方的表现。善于倾听的人总是能够迅速地获得对方的好感，拉近彼此心灵间的距离。心理学研究也证明倾听在人际交往中的重要性，越是善于倾听的人，和别人间的关系就越融洽，因为倾听代表一种对别人谈话的重视和肯定。

常征是个不善于倾听的小男孩，当别人说话的时候，他总是心不在焉，就好像什么也听不见一样。为此爸爸妈妈非常头疼，觉得这样发展下去，对常征的成长是非常不利的。妈妈思索良久，决定想办法让常征改掉不善于倾听的坏习惯。

有一天,家中来了客人。客人非常喜欢常征,总是问他问题,但是常征却不认真听,一会儿把电视打开,一会儿又和小猫玩耍起来,当父母和客人说话的时候,他还不时地去插嘴,妈妈看在眼中,暗暗叹气。

当客人走后,妈妈把常征叫到身边,打算好好地和他谈一谈。常征以为妈妈这次还会像从前那样狠狠地说他一顿,但是让他没想到的是,这次妈妈没有板起脸,而是微笑着夸奖他道:"儿子,来咱们家做客的那个叔叔走的时候还夸你呢,说你今天非常乖,有段时间能认真地听他说话。那个叔叔让我转告你,他要感谢你能认真地听他讲话。"

听妈妈这样说,常征一下子不好意思起来,因为刚才那位叔叔跟自己说话时,自己一点也没认真听。但是听妈妈这样说,常征心里还是非常高兴的。

在之后一段时间里,妈妈便一直找机会夸奖常征,经常对他说"儿子,刚刚你听得真仔细,这可是对别人尊重的一种表现""儿子,你学得真快,这说明你很会听""这么一点小区别你都能听出来,你听得真是太仔细了""儿子,刚才你听到了妈妈没听到的东西,真是帮了妈妈大忙"……就这样,常征慢慢变得越来越认真倾听。

很多男孩在倾听别人说话的时候心不在焉,不是摆弄东西就是左顾右盼,要不就是走来走去,抑或打断别人的话语。这些都是男孩子不懂得倾听的表现,会让他留给说话者一个坏印象。家长要及时纠正,不然男孩长大后可能会成为不受欢迎的人。

要想让男孩学会倾听,表扬的力量非常大。再淘气的小男孩也有安稳的时候,再不懂得倾听的小男孩也有耐心倾听的一瞬间。所以家长要善于引导家中的男孩,善于发现他认真倾听的那一刻,及时地表扬他。久而久之,家中的小男孩就会养成倾听的习惯。

另外,家长应该为男孩树立榜样。很多时候,男孩不懂倾听是对别人的一种轻视,家长不懂倾听孩子的心声也是一种不尊重孩子的表现。家长只有倾听男孩子的心声,做出倾听的榜样,才会了解男孩子的内心

世界，才能培养男孩子的倾听习惯。

家长要注重交谈中的一些细节。

比如，在家庭生活中，不管男孩提出什么样的问题，家长都应该挤出时间认真地倾听一下，而不是说"等我有时间了再说"。家长能蹲下来立即倾听男孩子的话语，不仅可以拉近和男孩之间的心灵距离，也能起到一种示范作用。

冰激凌风波

很多家长都会有这样的苦恼：家里的男孩说话很"直接"，很伤人自尊，让听话的人下不来台，甚至会受到深深地伤害。其实男孩子这样说话，并不是存心的，因为他们年龄小，社会经验不足，还不懂得怎么去精心组织语言，体谅别人的心理和"面子"。

因此，家长在日常生活中有必要教育男孩，要让他意识到每个人都需要尊重，每个人都想被更多人认可，一个人想要交到更多的朋友，那么他首先要学会尊重别人，懂得委婉表达自己的意思。

在钱志的成长过程中，爸爸为了让他学会尊重别人，委婉地说话，经常引导他体谅别人，学会站在别人的立场上看待问题。

有一次，钱志和爸爸妈妈一起出去，玩了一整天，大家都很累，但是钱志却缠着妈妈出去给他买冰激凌。累得只想坐在沙发上好好休息的妈妈说道："乖儿子，你已经十岁了，是一个小男子汉了，自己下楼去买好不好？"

钱志一听就不高兴了，对妈妈嚷嚷道："你怎么这么懒，我很累，走不动，你必须要去买！"妈妈很平静地说："妈妈知道你很想吃冰激凌，但是妈妈也很累啊，很想好好休息一下，妈妈没办法下楼给你买冰激凌。"然后把头扭到一边不再理他。

爸爸这时拉过儿子，小声地问："你知道妈妈为什么生气吗？"钱志茫然地摇摇头。爸爸语重心长地说："同样玩了一天，你累，妈妈也累，而且你想想，玩的时候都是妈妈拎东西排队，她比你更累，你怎么可以不客气地要求妈妈为你买冰激凌呢？"

钱志看着一脸倦容的妈妈，羞愧地低下头，然后语气委婉温柔地说："妈妈，我错了，我不吃冰激凌了，我帮你捏捏肩吧。"

在很多家庭，只要男孩一有要求，家长总是想尽办法满足他们，殊不知这样可能让男孩子愈加蛮横，将自己当成"皇帝"，说话自然也就不够委婉曲折。

想要男孩子说话委婉，家长首先要平等对待男孩。家庭中的每一个成员都要肩负起自己的责任，家中的男孩也不能例外。男孩参与家庭事务了，才能体谅爸爸妈妈的辛劳，继而在家庭之外体会别人的辛苦，说话自然也就懂得委婉。

另外，家长还需要引导男孩尊重他人。现在很多男孩子说话没有礼貌，直接，莽撞，比如给人家起外号、揭人家的伤疤、见到别人陷入困境就加以嘲笑等。其实男孩这么做，并不存在恶意，可能只是出于好奇心，或者只是一种盲从行为。当家长发现男孩有这种行为时，应及时指出不当之处，让他们设身处地地想一想，亲身体验一下不受别人尊重的痛苦。如此一来，男孩子自然也就会注意自己的言行。

张叔叔的赞美

赞美别人是一种美德，让男孩学会恰当地赞美别人是很重要的。懂得赞美别人的孩子能迅速拉近与别人之间的距离，获得信任，收获朋友。

因此，在男孩的成长过程中，我们必须要让男孩明白这一点：人人都喜欢被称赞,不管是小孩还是老人,不管是男性还是女性。称赞代表一种欣赏和感谢,能够给对方带来喜悦。而不懂称赞别人的人,会令周围的人敬而远之。

一个周末,谢东跟着爸爸出门逛街,在楼下恰巧碰到了爸爸多年未见的高中同学。爸爸便给谢东介绍道:"儿子,这是爸爸的同学,张叔叔!"听爸爸这么郑重地介绍,谢东很大方地说了一声:"张叔叔好。"问候完之后,他竟然还对张叔叔身边的小女孩说道:"小妹妹,你长得真漂亮!"

张叔叔"哈哈"笑起来,对爸爸说道:"你家谢东真可爱,长得很英俊,而且嘴巴也甜,知道夸奖我们家菲菲漂亮呢。"爸爸很高兴,以前觉得谢东很淘气,但是却不知道他会赞美人。

张叔叔意犹未尽,越看越觉得谢东很懂事,继续夸奖道:"现在很多男孩子可不会夸奖人,整天吵吵闹闹,只知道淘气,让人头疼呢。你家谢东真好,比其他男孩子强多了,你这当爸爸的真幸福!"

爸爸甜蜜地笑起来,等跟同学告别后,他还特意夸奖了谢东一番:"儿子,你听到没,刚才张叔叔把你说得这么好,你可不能骄傲。"谢东羞怯地搔搔头,被别人那么一顿夸,他自己也很不好意思。

爸爸趁热打铁,问:"儿子,其实你之前一次也没见过张叔叔,你知道刚才张叔叔为什么那么夸奖你么?"听爸爸这么问,谢东想了想,说:"我说他们家菲菲长得漂亮呗!""是啊,你一句赞美的话换来张叔叔更多的赞美,这其实就是赞美的魅力所在啊。记住了,以后和别人说话时,不妨多赞美对方几句,这样人家才会对你产生好感,才会和你交朋友。"

听爸爸这么一说,原本只是无心的谢东对赞美别人有了更多的认识。他决定以后多发现别人身上的优点,多称赞对方的长处,多交朋友。

在人际交往中，赞美的语言具有莫大魅力。男孩子知道怎么去赞美别人，乐于赞美别人，人际关系一定不会差。他们在赞美别人的同时也收获别人的赞美，增强信心，人生之路会越走越宽。

那么在家庭生活中，爸爸妈妈应该怎样引导男孩子赞美他人呢？

首先，要引导男孩多发现别人身上的优点。赞美别人，需要一双善于发现别人优点的眼睛。假如双眼只盯着人身上的不足，那么即使此人在其他方面再优秀，我们也不可能说出赞美的言语。所以，只有让男孩学会发现对方的优点，才懂得如何去赞美对方，继而获得对方的好感。

其次，多给家中的男孩一个积极的肯定。赞美是可以传播的，当家长在生活中多多赞美男孩时，他们听的次数多了，自然就会将赞美带入自己的生活，肯定身边的人。这样一来，他们在人际关系中也就能如鱼得水。

照顾受伤的同学

男孩子想要交到朋友，必须真诚待人，在别人需要帮助的时候伸出自己的手，拉上一把。正所谓"患难见真情"，你在帮助别人的时候，就会在别人的心中播下一颗友谊的种子，成功拉近彼此间的距离。

所以在家庭教育中，家长要学会引导家中的男孩主动帮助身边的同学，在他们需要的时候表达自己的善意，伸出友谊之手。如此，才能让男孩子们交到好朋友，让男孩明白只有相互帮助，彼此间的友谊才会长存。

赵轩每天放学回家后，都会将班里发生的事情一件件地告诉爸爸，什么同桌的铅笔盒找不到了、前面同学的眼镜坏了，等等。这天，他神秘兮兮地说："爸爸，童童今天把腿摔了。"

童童就住在小区3号楼，和赵轩同校同级不同班，爸爸和童童的父母虽然不是很熟悉,但平时遇见的时候也会友好地打一声招呼。爸爸也见过童童几次,很阳光的一个男孩子,说话也很有礼貌,爸爸还一直打算找个机会让两个孩子好好地认识一下,成为好朋友呢。

想到这些,爸爸就很关切地问:"童童怎么摔倒的?""他下楼梯的时候跳台阶,没站稳,就把腿摔坏了。"赵轩说。

爸爸说:"儿子,虽然咱们和童童不熟悉,但是现在他的腿摔坏了,他家距离咱们家很近,你说咱们是不是应该做点什么?"爸爸觉得这是一个好机会,让赵轩去帮助童童,一来一往,两个人自然也就成了好朋友。

"那咱们去他们家看望一下?"赵轩说出自己的想法。"好啊,同学受伤,咱们是很有必要去看望一下的。"爸爸高兴地说道。于是爸爸拉着赵轩去超市买了一些营养品,去看望童童。

童童爸爸热情地接待了他们,看着右腿打着石膏的童童,赵轩表达了自己真诚的祝福:"童童,祝你早日康复,以后咱们一起去上学。"爸爸则在一边提醒他道:"为什么是以后呢,现在童童自己不能去上学,而且叔叔和阿姨都要上班,你可以和童童一起上学啊,搀扶他上下楼梯。"

赵轩很高兴地答应了,尽管童童的爸爸和妈妈一个劲儿地说:"这怎行,太不好意思了!"但是爸爸却坚决地说:"没关系,他们同学间相互帮助是很应该的。"最终童童爸爸答应下来,而赵轩也高兴地接受了这项"艰巨"的任务。

一个月后,童童一家敲开赵轩的家门,提了很多礼物表达感谢。而赵轩和童童这对先前不怎么熟悉的同学也变成了最要好的朋友。

友谊是男孩子最珍惜的情感之一,不同于父母的亲情之爱,和小伙伴之间的情意可以让男孩感受到平等、尊重、快乐。正是有了这些感悟,男孩子才会不断成长,才会越来越阳光。在男孩长大之后,友谊就能变成其生活和事业的支柱,帮助他找到幸福,收获成功。

那么在生活中，爸爸妈妈应该怎么做，才能让男孩子学会帮助别人，交到更多的朋友呢？

家长要教导男孩主动帮助身边的同学。在别人有困难的时候，主动帮助，是交友的一个重要途径。更重要的是，在别人困难的时候伸出援助之手，能够让别人更深切地感受到善意和真诚，更愿意敞开心怀。所以家长有必要教导家中的男孩子，让他们在学校主动帮助同学，在别人困难的时候伸出手。

引导男孩"帮人帮到底"。很多时候，好的动机不一定会有好的结果，帮助别人半途失去耐心，有头无尾的话，很容易让别人远离你，甚至彼此成为敌人。所以，家长要引导男孩帮助别人时耐心地从头帮到尾，不能半途而废，更不能觉得对方太"笨"不值得自己去花费精神。

15张游戏卡片

莎士比亚说："不要因为你的敌人燃起的一把火，你就把自己烧死。"当一个人在情绪面前丧失理智的时候，他就会变成情绪的奴隶；而当他心怀宽容的时候，他就会变成自己的情感的主人。人际交往尤其如此，想要交到更多的朋友，就要学会宽容。

但是在现实生活中，我们经常会看到这样的现象：一些男孩不懂宽容，会因为一点小事情而大发脾气，甚至说脏话，大打出手……另外，男孩子普遍"讲义气"，对忠诚看得比较重要。假如小伙伴在某件事情上一时背叛了他，就可能怀恨在心，甚至和小伙伴"恩断义绝"，这些都是不成熟的表现。

杜杰上小学二年级的时候，有一次爸爸接他放学，发现走出学校大门的他一脸的高兴。没走几步，杜杰就喜滋滋地打开书包，拿出一把卡片向爸爸炫耀道："爸爸，你看，我这里有15张游戏卡片。"那段时间杜杰迷上了收集这种花里胡哨的卡片，总是央求爸爸给他买，在他的房间里，已经收集了将近半抽屉卡片。

爸爸好奇地问杜杰："你怎么一下子会有这么多的卡片？"杜杰回答道："是我们班上的大海给的。"爸爸听了有些不高兴，因为之前他曾经告诉过杜杰，在外面不要轻易要别人给的东西。爸爸继续追问道："人家为什么会给你卡片？"原来大海和班里的同学辉辉有矛盾，大海家境比较好，所以给班里每个男同学15张卡片，要大家都不和辉辉来往。

吃过晚饭之后，爸爸把杜杰叫到身边，问道："儿子，你的那些卡片真漂亮，但是你真的因为这些卡片不和辉辉做朋友了？爸爸记得辉辉是你在班上最好的朋友呢。""是辉辉先背叛我的，上次我和一个同学吵架，辉辉不仅不帮我，还和那个同学一起批评我，所以我才会接受大海的卡片！"见爸爸这样问，杜杰有些迟疑地回答。

爸爸说："因为你和辉辉关系好，所以辉辉在你和别人吵架的时候才会给你提意见，指出你的不当之处，这正是好朋友的可贵之处！而且作为一个男子汉，心胸要宽广，即使当时辉辉指责你，你也要原谅人家，要知道好朋友是很难得的。"

杜杰睁大眼睛看着爸爸，他没有想到自己的心眼儿这么小，而且收了大海的卡片故意疏远辉辉，说不定这会儿辉辉知道之后趴在床上哭呢。杜杰赶紧解释说："我不是真的不和他做朋友……要不我明天把卡片还给大海好了。"听杜杰这么说，爸爸的语气缓和了下来，说："儿子，只要你肯向辉辉真诚地道歉，那么辉辉一定会原谅你的。要是你能让大海和辉辉和好，那就更好了。"听爸爸这么说，杜杰认同地点了下头。

与女孩相比，男孩子的心胸还是很宽广的，他们不会在一些小事情上过分计较什么。家长需要做的是在生活中不断地引导男孩子，面对别人的错误，甚至所谓的"背叛"，表现出宽容的一面，为别人留一条

路，为自己留一个朋友。

具体来看，家长可以这样做：

正确对待男孩和同龄人之间的冲突。只要有人存在的地方就会有摩擦，这是不可避免的，当摩擦出现的时候，冷静、宽容才是最好的策略。家长不应对男孩之间的冲突指手画脚，更不能参与进去。家长最应该做的是让男孩子明白，遇到冲突，冷静应对，宽容以待，如此才能获得更多的友谊。

引导男孩换位思考。很多时候，男孩子因为年龄小、社会经验不足，并不明白自己的不宽容言行会对别人所造成的伤害。家长要引导他从别人的立场上看问题，将自己和别人互换一下，换位思考，如此才能真正理解别人，宽容别人的错误。

一起荡秋千

分享是一种将自己所拥有的、能支配的物质和别人一起使用，将自己的欢乐、悲伤与别人一起体验的行为。在人际交往过程中，分享是建立友谊的第一步。懂得分享的男孩子长大之后能够更好地融入社会，建立良好的人际关系，确保生活上的幸福和心理上的健康。所以在日常生活中，家长很有必要培养家中男孩的分享精神，让他们学会和身边的人分享自己的物质和精神财富。

吴昕家不远处有一个小广场，里面有很多健身器材，每天都吸引着很多小朋友前去玩耍。吴昕上了小学一年级后，在妈妈的影响下成了一个"健身"积极分子，每天都要跟着妈妈到小广场上锻炼一会儿。妈妈围着广场慢跑，而吴昕则喜欢荡秋千，百玩不厌。

有一次，妈妈带着吴昕来到广场的健身区，因为时间早，所以人还不太多，吴昕发现秋千空着，于是便高兴地跑过去，开始上下翻飞地荡起秋千来,妈妈则在一边做起了"保镖",预防吴昕从秋千上摔下来。

没过多久,健身区里的小朋友多了起来,特别是秋千旁边围了很多孩子,排起了长长的队伍。吴昕仿佛没有看到周围的变化,依旧在秋千上荡来荡去,不时地传出几声兴奋的尖叫声。这个时候,排在前面的几个孩子开始和吴昕小声地商量:"让我们玩一会儿吧。"但是吴昕依旧不闻不问,继续高高地荡着秋千。

这个时候,一旁站着的妈妈很尴尬,没想到儿子竟然这么霸道,不懂得和别的小朋友分享。于是妈妈便对吴昕说:"儿子,你看周围来了这么多小朋友,都想要荡秋千呢,你已经玩了这么久了,能不能将秋千让给他们,让他们荡一会儿?"

吴昕听了却将脖子一扭,对妈妈说道:"这个秋千是我先占的,我还没玩够呢,凭什么给他们玩?"见儿子不肯,妈妈继续耐心地开导他道:"好东西你自己玩有什么意思呢?要大家一起玩才有意思呢。"

听妈妈这么说,吴昕疑惑地问道:"把秋千让给他们玩,我怎么觉得有意思呢?"见吴昕开始思考这个问题,妈妈很高兴,连忙对他说:"你可以在一边给他们推秋千啊,这样一来他们荡起秋千来是不是也有你的一份功劳?"

听妈妈这么一解释,吴昕觉得很有道理,于是便从秋千上跳了下来,将秋千让给了别的小朋友。吴昕在旁边推着秋千,和周围的小伙伴很快就打成了一片,他觉得自己快乐极了。半个小时后,吴昕就和几个小男孩成了好朋友,相约以后放学了一起来这里荡秋千。

在很多家庭中,男孩都被长辈宠成了"小皇帝",以至于他们习惯了说话做事先从自己的角度考虑问题,总是想将所有好吃的、好玩的都霸占了,不懂得与人分享。这样的男孩长大了大多比较孤僻,很难交到朋友。

作为家长,应该怎样教会孩子分享呢?

首先,为男孩多找一些可以一起玩耍的小伙伴。因为男孩长期一个

人独占父母的爱,所以不懂得与人分享,假如一起玩耍的小伙伴多了,男孩自然也会在和别人的交流中学会分享自己的玩具、食物,最终就会在心理上习惯和别人分享,继而获得别人的好感和认同。

其次,让男孩体会到分享的快乐。即使男孩子再怎么不愿意分享,家长也要站在孩子长远发展的立足点上,循循善诱,让他逐渐地意识到:"分享并不等于失去,而是获得更多的乐趣。"当男孩真的在分享的过程中享受到快乐,他们就会更加乐于和别人分享。

最后,为男孩准备足够的食物和饮料,鼓励他们去分享。当美食多了,男孩就会"大方"一些。要知道,将一份美食变成两份、三份……那么快乐也就相应地变得更多了,这无疑是一种美妙的感受。男孩从中收获友谊,就会意识到分享的好处。

第十二章
穷养男孩的核心是培养高财商

换来的玩具

随着人们生活水平的不断提高,男孩子在物质生活上可以说非常"富足",几乎是要什么有什么。在很多男孩的头脑中,爸爸妈妈就是自己的"提款机",想吃什么向爸爸要,想玩什么向妈妈要……这样一来,男孩对金钱的认知自然就比较肤浅,财商也得不到锻炼。

穷养男孩,提升财商是非常重要的一个方面。金钱虽然不是万能的,但是生活离开金钱却是万万不能的。男孩走上社会后,要想生活得更幸福,在事业上取得更大的成就,都需要一定的金钱基础。所以家长有必要提升男孩对金钱的认知水平,引导男孩尽早树立起挣钱意识,掌握尽可能多的挣钱方法。

有一次段洪亮跟着爸爸妈妈出去逛街,妈妈在店里试穿衣服,段洪亮便向爸爸要了20元钱,自己跑出去玩。到了约定汇合时间,爸爸妈妈来到约定地点等段洪亮。不一会儿,段洪亮便兴高采烈地跑过来,两个小口袋里装满了吃的,手上还拿着一盒酸奶。

妈妈问:"宝贝,玩得开心吗?""开心啊,我刚去超市转了一圈。"段洪亮边喝酸奶边回答妈妈的问题。

"爸爸给你的钱都花光了?"妈妈问。"没有啊,我发现其实不用花很多钱就能玩得很开心。"段洪亮的回答出乎妈妈的意料。妈妈没说什么,只是摸了摸段洪亮的头,表示认可。但是接下来的几个周末,每次妈妈给了他钱,事后他都没花完,也从不告诉妈妈他准备将积攒下来的

钱用在什么地方。妈妈很好奇，开始想了很多方法试探段洪亮，但是段洪亮的嘴巴很严，保密意识很强，所以七八天过去了，妈妈还是弄不明白段洪亮攒钱想要做什么。

时间在不知不觉中流逝，一个月后，妈妈无意间发现段洪亮的玩具箱里多了很多玩具，而且有一些玩具是限量发售的，有钱不一定能买到。有个玩具当初妈妈就带着段洪亮去买过，可惜数量有限，去的时候人家已经售罄，记得当时段洪亮还大哭了一场。

妈妈虽然知道段洪亮一直积攒着钱，但是这些玩具都没有再发售过，也就是说段洪亮即使有了足够的钱也买不到这些玩具，那么他的这些玩具又是怎么来的呢？妈妈特别好奇。

当段洪亮说出来答案后，妈妈还是惊讶不已。原来段洪亮攒了钱后买了另外一款玩具，然后拿着那款玩具和买到限量版玩具的同学进行交换，于是他便有了梦寐以求的玩具。对于交换玩具这种行为，在小孩子间是比较普遍的，但大都是临时性的，交换几天玩够了还要换回去，而段洪亮现在的行为明显就有理财的思维。最初因为玩具限量而没有，但事后用别的玩具交换，这说明他还是很有商业头脑的，在满足自己心愿的同时还节省了很多金钱。

"为什么不告诉妈妈呢，其实妈妈可以利用出差的机会从别的城市给你买回来。"妈妈问段洪亮。

"我觉得我自己就能做到，用最少的钱达到自己的目的，这可是你要求我做到的。"段洪亮有些自豪地说。他不仅和妈妈分享了他的理财秘籍，还成功地让妈妈惊讶了一次，看着妈妈惊讶的表情，段洪亮的内心充满成就感。

段洪亮小小年纪，就能摸索出这样的理财秘籍，知道怎么节省开支，说明他对金钱的认知变得成熟起来。这样的男孩长大后肯定是小小的理财专家，能把自己的财富打理得井井有条。

在男孩成长过程中，父母应引导男孩明白这样一个道理：虽然钱可

以解决很多问题，但是如果学会不依赖金钱解决问题，则会更加有成就感。这也是家长穷养男孩时所要秉持的金钱观念——想要有一个健康的金钱观念，首先要学会不花钱办事或者少花钱办事。

大狗熊存钱筒的故事

一个人的财商是高还是低，和其储蓄意识有着很大的关系——储蓄意识越强，其财商相对就越高；反之，储蓄意识淡薄，花钱大手大脚，那说明没有什么理财意识，也就谈不上什么财商了。所以智慧的家长在穷养男孩财商的时候，会引导男孩尽快地树立起储蓄意识，养成储蓄的习惯。

对于梓乐的零用钱，爸爸一向都比较谨慎，每次梓乐伸手要钱的时候，爸爸给的都不多，只能够保证他两三天的正常花销。爸爸之所以这么做，是因为梓乐上小学后，花钱开始变得没有节制，越来越大手大脚。有段时间，爸爸为了培养梓乐的理财意识，每次都会多给他一些，叮嘱他要"省着花"，但是几次下来爸爸便失望了：梓乐虽然答应得很好，但是事后还是一次性花光衣兜里的钱，带回来的不是大包大包的零食，就是形形色色的玩具。后来，爸爸便不寄希望梓乐能够主动学会理财，对他的零花钱严格管理，还将爷爷奶奶给他的零花钱也"收缴"起来，由爸爸统一保管，不给他挥霍的机会。

梓乐显然对爸爸的财务限制很不满意，多次争取。爸爸和妈妈商量后觉得一味限制零花钱也不是办法，应该给梓乐一次机会。于是统一了方法，给梓乐准备一个存钱筒，锻炼他的理财能力。

梓乐终于有了自己的"小银行"——一个大狗熊存钱筒。爸爸开始每周给梓乐一定数量的零花钱，虽然数目还是不多，但是相比之前提升不少，在满足他的基本学习和娱乐需求之外还可以剩一些。爸爸告诉

梓乐："给你的钱你可以自己做主，买玩具也好，买零食也罢，或者自己存起来。但是爸爸妈妈就不再另外给你买零食和玩具了，你的一切开销都要从零花钱中支取。假如你喜欢什么但目前的钱却不够买下来，那么你就要学会存钱。"听爸爸这么说，梓乐似懂非懂，但是他终于有了使用零花钱的自主权，最初还是高兴了几天。

刚刚开始的时候，梓乐用不了两天时间就将爸爸给他的一周零花钱都花光，之后几天他想要吃零食也没钱买，爸爸和妈妈统一了认识，坚决不再另外给他零花钱。就这样过了一个月，梓乐的大狗熊肚子里还只有零零星星的几个硬币。梓乐开始着急，后来自己慢慢摸索出了经验，练就出了忍耐力——每次去超市，只选择一件商品。如此一来，他每周的零花钱开始有了结余，虽然不是太多。有了结余，梓乐大受鼓舞，每个周末都要打开大狗熊的肚子清点他的小金库。

有一次，梓乐告诉爸爸他想要买一本《现代汉语词典》，这是学习必需品，所以爸爸当时就答应带他去书店买，但是没想到梓乐非常骄傲地说："爸爸，我自己有钱！"看样子他已经懂得攒钱了，财商在不知不觉中提升不少。

现在的男孩大都比较"富有"，手里的零花钱很多，家长们总是因为孩子乱花钱而大伤脑筋，于是财商教育显得很有必要。在男孩的成长过程中，爸爸妈妈可以从以下几个方面穷养男孩的财商：

首先，要给男孩一定的零花钱。想要教育男孩理财，那么必须有财可以让他自己支配，所以家长要让男孩子有自己的零花钱，然后再进一步培养男孩经济上的独立性。父母可以专门给男孩子购买一个存钱筒，或者干脆在银行为他开设一个账户，这样会让男孩感受到自己的财产专有权，继而获得更大的理财动力。

其次，鼓励男孩合理消费。在男孩子上学期间，爸爸妈妈不要限制他们的合理消费，要鼓励他们将零花钱存起来，等到有一定数量之后再购买自己喜欢的东西，这样可以让男孩子体会到存钱带来的成就感。男孩子想要买一些比较贵的东西时，爸爸妈妈则可以"资助"一些，这样做的目的是防止男孩子将存钱罐里的钱一次性花光，继而保持他们存钱的积极性。

再者，要让男孩子体会到理财的乐趣。在男孩子有了一些积蓄之后，爸爸妈妈可以教他怎么有计划地花钱，告诉他怎么合理地支配自己的储蓄。爸爸妈妈可以给男孩子预定一个理财目标，比如存钱到500元，给他一定的奖励，多给一些零用钱或者给他买一件喜欢的衣服。这样男孩子便体会到了更多理财的乐趣，理财的兴趣自然也就越来越浓厚，理财的行为也就会一直坚持下去。

小小快递员

一个人的财商，除了体现在储蓄上，还体现在如何挣钱上。很多家长想当然地认为男孩子还小，挣钱对他们而言是不现实的，更多的家长则出于对男孩的溺爱，认为家里有一定的经济基础，根本就不需要让男孩挣什么钱。这种想法对男孩财商的培养显然是不利的，正因为男孩子还小，才更应该培养财商，因为这个年龄段的男孩很容易掌握挣钱的技巧，如果培养得当，他们长大之后才能更好地掌握金钱，运用金钱。

"先生，请您代收一下快递。"一个穿着橘黄色制服的小伙子将一个包裹交到王先生手中，邻居已经打了招呼了，王先生接过之后看了一下快递单，然后在接收人一栏上签了名字。因为王先生家小院子靠近街道，再加上他的作息比较有规律，熟悉的邻居们便将王先生家作为包裹的固定接收点，并商议支付给王先生一定的费用。

收到包裹之后，送包裹的任务自然也就落在了儿子王明明身上。王明明倒也很努力，每次都很积极地做这项工作，将收到的包裹送到邻居家里去，一来二去，他便成了邻居眼中的小邮递员。有的邻居专门给王先生打电话，大大地表扬了王明明一番。王明明一开始听到赞美比较兴奋，时间长了，便有了"赞美免疫症"，送起包裹来有些懈怠，不管王先生怎么解释这份"工作"的伟大之处，也打动不了他。

为了重新激发王明明的积极性，也为了培养他的财商，王先生在深思熟虑后，向王明明提出一个建议：投递工作由原来的精神奖励变为物质奖励，根据每次投递包裹的大小和距离的远近给予一定的金钱奖励，但是以后的零用钱会取消。对王先生的这个提议，王明明并没有欣然接受，他找来一张纸和一支笔，坐在院子的石桌旁比比画画，王先生知道他肯定是将自己一个月投递的总收入和之前每月的零花钱做对比。经过一番比较，王明明得出了当邮递员比等着给零花钱合算的结论，便同意了王先生的提议。为此王先生还专门起草了一个合同，详细地规定了每次所送邮件大小和路程长短需要支付的费用。

达成协议的那个月正逢一年一度的"双十一"购物狂欢节，大家在网上疯狂购物，王先生家收到的包裹量一下子激增了数倍。王明明的生意自然也红火起来，一个月下来收入几乎是以前零用钱的五倍。但是王明明没得意多久，之后的一个月他的业务量就下去了，毕竟不是每个月都有"双十一"。业务量下降了，王明明挣的钱少了，他送起包裹来又开始懒散了，有一次竟然把送给张叔叔的包裹送到了李阿姨家。

为了提起王明明"干事业"的积极性，王先生便又提出了一个建议："你可以把周边的同学组织起来，成立个小快递公司。目前你送的快递也就是和咱们熟悉的十几个叔叔阿姨家，假如你组织个快递公司，扩大投递范围，将咱们这个社区的业务都包揽下来，那么你想一下，是不是就不用愁零花钱了？当然那时候给你钱的就不是爸爸了，而是你的那些客户。"

"那样的话我一个人也能送得过来。"很显然，王明明还是想一个人"吃"下来，他也知道人越多分到自己手里的钱就越少。

"咱们这个社区人可是很多的，到时候你分身乏术，就忙不过来了。"王先生分析道。

"我可以一个一个慢慢送。"王明明显然还没有领会爸爸的意思。

"傻儿子,人家既然请你帮忙,那就意味着希望你能尽快地送到,要是让人家等一天,人家还不如自己去取呢。再说即使人家不介意,你一个个来,这么大一个社区,你一个人肯定吃不消。"

听了王先生的分析,王明明开始计划起成立快递公司的事情。几天后,他将三个同学带到了家里,都是社区里一起上学放学的小伙伴,几个人开始在院子里商量小快递公司的事情。

几天后的周末,王明明几个人便开始行动起来,在路口摆了一张桌子,向过往的社区居民们宣传他们的小快递公司。社区的居民都认识这些孩子,本身也有这方面的需要,所以很乐意为他们捧场。小快递公司不久便红火起来,几个孩子利用放学之后的时间将收到的快递送到各个收件人手中,忙得不亦乐乎。小快递公司挣的钱不仅满足了他们几个的日常开销,还让几个孩子成了"小富翁",有了积蓄。王先生几个家长聚在一起的时候,经常会发出这样的感叹:"他们几个孩子真不简单,这么小就懂得挣钱了,咱们像他们这般大的时候,还伸手向爸妈要钱呢!"

其实王明明和几个孩子最大的变化不是成立了自己的小快递公司,成了同龄人眼中的小富翁,而是他们财商上的提升。作为一个小男子汉,财商的提升无疑是非常重要的,因为就他们未来的发展而言,金钱并不是万能的,但是假如缺少了金钱支撑,生活也不会幸福完美。

所以当男孩表现出想要挣钱的意愿后,爸爸妈妈要支持他们的想法,一步步引导他们从最初的个人奋斗向有组织的公司过渡,最终对"怎么才能挣到更多的钱"有一个更彻底的认识。相信有了这样的经历后,男孩的财商会越来越高,随着他们年龄的增长,他们的理财能力也会越来越强。

家里钱的你来管

在理财观念不断深入的现代社会，怎么培养家中男孩的理财意识，成为爸爸妈妈最关心的问题之一。其实想要穷养男孩，提升他们的财商，可以让男孩尝试管理家庭内部的财务。很多家长觉得孩子还小，让他们管钱很不明智，殊不知让男孩子上任"家长"一职，对他们来说是一种信任，也是一种非常有用的理财培训。

刘海超有段时间花钱糊里糊涂，每月给他的零花钱都会提前半月花完。妈妈觉得儿子财商较低，很有必要培养一下。为此，妈妈和爸爸商量一段时间后，决定让刘海超做两个月的家庭"最高长官"，也就是"家长"这一职务。

在妈妈和爸爸的"鼓动"下，刘海超很高兴地上任，成了一家之长，其主要任务就是管理一家人的日常开销。上任的第一天，手里有钱的刘海超便动用了家长权利，给家里添置了不少东西，大部分都是他曾经看中的玩具和漫画书。毕竟是拿着家里的"公共财富"买自己喜欢的东西，刘海超有点心虚，所以每次买之前，都会提前和妈妈说一声，看一看妈妈的反应。虽然妈妈担心这样下去，家里这个月开支会超过预算，但是为了培养刘海超的理财能力，还是决定支持他。每次刘海超试探的时候，妈妈总是回答说："现在你已经当家做主，买什么不买什么，你自己看着办。"

不出妈妈所料，仅仅过了半个月的时间，刘海超便发现手中剩余的钱不多了。他心慌起来，向妈妈汇报，但是妈妈只是笑笑，什么也没说，该买什么东西还是一如既往地从他这个"家长"手中领钱。就这样，月底前的几天，账户上便出现了赤字。刘海超着急起来，先是将家里所有的废品和旧报纸整理出来，卖给了收废品的老头，靠着这笔

"飞来之财"坚持了两天。之后更是将自己过年的压岁钱垫了进去,这才勉强支撑到最后一天。这样的经历让刘海超首次体会到管钱的艰难,更体会到了挣钱的不容易。

第二个月,刘海超很聪明地改变了自己的"管钱作风",还特意向妈妈学习经验。于是妈妈趁机引导:"儿子,你首先需要准备一个小本子,将每天的花费记账,这样可以从花费中看出什么地方不需要花钱,然后告诉大家注意改正。"

听了妈妈的建议,刘海超开始记账,而且几天之后还制定了一个"节约用水用电细则",告诉爸爸妈妈要省水省电,精打细算。而且妈妈还发现刘海超变化很大,最明显的一点就是他买东西的时候,不再随心所欲。跟着妈妈逛超市,遇到喜欢的玩具,他虽然会跑过去玩一会儿,但拿起来最终还是会放下,过过眼瘾就够了。

经过两个月的学习和实践,刘海超终于掌握了怎么保持当月的收支平衡的能力,坐稳了"家长"的位置。

很多男孩子之所以不懂得珍惜金钱,花钱糊里糊涂,大手大脚,是因为他们不了解金钱的重要性,不知道挣钱的艰辛。因为零花钱伸手向父母要就可以了,男孩子才会漠视金钱,不懂得珍惜,不会节制自己的欲望,更不会利用自己手中的金钱产生更大的财富。

而在现代社会,理财能力无疑是促成男孩长大后事业有成的重要能力,家中的男孩子越早接触金钱,掌握一定的理财技能,长大之后才越会赚钱,才会合理地安排自己的开支,提升自己的生活品质。

智慧的家长可以这样做:

首先,家长要敢于放手,让男孩子品尝一下花钱大手大脚的恶果。有些家长觉得将一个月甚至更久的家庭财政大权交给孩子不放心,担心钱的数目太大,男孩子会管不住自己,将手中的钱全部花掉。其实男孩子第一次登上家长的宝座,掌握家庭财政,大手大脚花钱是肯定的。但从另一方面看,这也是一次很好的机会,可以让男孩子品尝一下大手大

脚花钱的苦果。这样的体验对他们来说是一种警示，很有教育意义。

其次，引导男孩合理利用自己的压岁钱。家庭的"家长"不仅要管理好爸爸妈妈的开销，也要管理好自己的花销。对家中男孩子来说，他们最大的"财产"可能就是压岁钱了，所以很有必要让男孩子正确处理好自己的压岁钱，让这笔钱能够钱生钱，而不是被稀里糊涂地花掉。家长可以引导男孩将压岁钱当作投资理财的练习基金，让他们对"钱生钱"的致富之道有一个更加深刻的了解，这对提高他们的财商很有帮助。

列出一个消费清单

消费给男孩子带来的快感会刺激他们的脑部神经，而神经一旦兴奋起来，花钱就会成为男孩一种无法治愈的"疾病"。很多成年人之所以管不住自己，将每月的工资花得干干净净，小时候没有养成理财的习惯也是一个重要的原因。

传统的理财教育往往强调男孩子该如何挣钱和攒钱，却忽视了教孩子怎么去花钱。男孩子乱花钱，其实是不懂花钱，钱应该花在什么地方，哪些东西该买，哪些东西不该买，没有一个整体的认知。

智慧的家长会引导孩子列出一个消费清单，让他们从这个清单中了解自己的近期花费，从而总结出哪些地方需要花钱，哪些地方不需要花钱。

东鹏上小学五年级，每个月的零花钱经常超过600元，爸爸一直不明白儿子都将钱花在了什么地方。"妈妈，我同桌的铅笔盒很漂亮，我也想买一个。""给我20元钱，我要买和李彤一样的圆珠笔！"……东鹏就像一个吸金的无底洞，无时无刻不在消费金钱，每天都想着法儿要钱，花样百出。虽然爸爸跟他说了很多次，挣钱不容易，要节俭，不需

要的不要买,但是没什么效果,东鹏花起钱来还是大手大脚。

爸爸担心儿子花钱大手大脚,想什么买什么,长大之后也不懂理财,于是想方设法引导儿子养成理性消费的好习惯。

这天,爸爸将东鹏叫到了身边,跟他约定道:"每月给你100元零花钱,你可以买学习用品和零食。花不完的可以自己攒起来,但是必须要记账,写出每月的消费清单,不能透支。"听爸爸这么说,东鹏觉得自己一下子能够支配这么多的零钱,很高兴,先前要来的钱都是10元20元,花起来一点也不过瘾。他便答应了爸爸,而且为了显示自己的诚意,还和爸爸拉了钩。

刚刚过了两周,东鹏就很难过地告诉爸爸:"爸爸,你给我的100元我都花完了!"爸爸摇头,这种情况他早已经预料到了,于是伸出手来,对东鹏说:"给爸爸看看你的消费清单,爸爸帮你分析一下钱花在了什么地方。"

东鹏从书包中拿出自己的小本子,上面整齐地列出每天的开销:冰激凌5元,面包5元,巧克力6元,软糖3元,烤肠2元……几乎全是零食,吃的喝的应有尽有。爸爸指着消费清单上的一项项支出,说:"清单记得真仔细,仅仅两周时间,就吃掉了100元,这方面花得太多了。偶尔可以,但是全部都吃了零食,是不对的。咱们之间有协议,后半个月你没有零花钱了。"听了爸爸的话,东鹏低下了头,他觉得爸爸说的话很有针对性,一下子就将自己嘴馋的毛病点了出来。

第二个月,东鹏主动将消费清单交了上来:"爸爸,请你检查。"爸爸打开之后,看到上面列出了一列数据:数学练习本1元,铅笔1元,铅笔盒10元……总计70元,剩余30元。爸爸觉得有上个月的教训,儿子开始将钱花在学习用品上,而且最让他高兴的是,东鹏这个月竟然有30元的结余,这在以前是想也不敢想的。

"爸爸,我会把剩余的钱攒起来,等多了,我要买个学习机!"东鹏很有成就感地说道。爸爸高兴地点了点头,他发现在这一刻,东鹏已经有了控制自己消费欲望的能力。

让家中的男孩列一个消费清单，和他一起在这份清单中找出那些不需要花钱的选项，可以让男孩认识到自己乱花钱的事实，慢慢在生活中有意识地约束自己，如此一来，他们大手大脚花钱的习惯也就可以慢慢纠正过来。所以父母不妨给家中的男孩子准备一个记事本，让他们将每天的花销写下来。

另外，为了培养家中男孩子合理消费的观念，爸爸妈妈可以不断地延长零用钱的发放时间，比如以前是一周一发，那么几个月之后可以变成一月一发。这样男孩手里可能会有更大数量的零花钱，能够锻炼男孩子合理消费的能力，让合理的消费理念深入男孩内心。

让男孩子学会怎么花钱，关键在于控制孩子的欲望。男孩子习惯了花钱，看到什么新鲜的东西就想买下来，身上有多少花多少，花完了就跟爸爸妈妈要，一点节制能力都没有。这种大手大脚花钱的习惯和男孩子强烈的好奇心以及占有欲有关系，而这种行为往往是无意识的，所以家长要加以引导，通过事前的约定，将男孩子的欲望关进了"笼子"之中，让男孩子学会怎么花钱。

买东西要学会砍价

买卖过程中的讨价还价是一门理财艺术，在很多购物场合都能用到，这样才能花最少的钱买到我们需要的东西。男孩子在成长的过程中，只要和消费沾边的，就要学会怎么去"砍价"，只有这样，才可以发挥金钱的最大效用。

智慧的家长会教给男孩"货比三家"的技巧。这样男孩子才能在比较中明白同样的商品可能会有不同的价格，也是为之后的讲价做一个扎实的市场调查。货比三家之后，不妨让男孩子自己去实践一下，体会"砍价"的魅力，次数多了，男孩子自然也就掌握了这种技巧。

王志很小的时候，妈妈就开始教他"砍价"，因为妈妈觉得这样能够让儿子尽早树立起正确的金钱观念，改掉他花钱大手大脚的毛病。

有一次，妈妈带着王志一起去买鞋子，王志在一家商店看中了一双款式很新潮的旅游鞋，央求妈妈买下来。妈妈便询问老板那双鞋子多少钱，老板说要120元。问完价格之后，妈妈并没有立即买下那双鞋，而是带着王志走进了第二家鞋店，里面也有那种品牌的鞋子，妈妈也问了一下价格，老板要108元。

王志走累了，便对妈妈说："走这么多家做什么呢？鞋子都是那样的，随便买上一双就可以了。"妈妈看了看王志，说道："买东西省钱的窍门就是要多比较，这样咱们才能货比三家，和人讲价啊。"

最终妈妈用98元买下了那双鞋子，对王志说道："看到了没有，这就是讲价的好处，节省下来的这些钱，就做你下周的零花钱了。"王志十分佩服妈妈。

这天，妈妈带着王志去市场上买菜，看到胡萝卜很新鲜，决定让王志"实战一下"，便鼓励他上前和老板砍价。于是王志走到菜摊前，拿起一根胡萝卜，问道："这胡萝卜怎么卖的？"老板回答说："两块五一斤。"

王志问道："老板，能不能便宜点，两块一斤？"老板"哈哈"地笑了起来，表示那样自己就赔本了，不卖。王志没有放弃，又说道："那两块三吧，给我称两斤。"这回老板同意了，很麻利地称了两斤。

妈妈在一边很高兴，王志终于知道砍价，会过日子了。

男孩子买东西和别人讲价的意识，需要家长从小培养。假如不具备这种意识，男孩子成年之后也不会懂得讲价还价，势必会导致花更多的钱办更少的事，不论从哪一方面讲，都是不划算的。

那么爸爸妈妈应该怎样提高男孩子讲价的能力呢？

首先，家长自身要成为一个"杀价高手"，为男孩子树立榜样。让

家中男孩子学会讨价还价，最好的方法是爸爸妈妈做一个好榜样，买东西的时候习惯砍价，时间长了，男孩子耳濡目染，自然也就学习砍价了。假如家长平时花钱大手大脚，不懂得砍价，那么男孩子自然也不会讨价还价。

男孩子买东西，爸爸妈妈可以趁机展示一下自己的"砍价功夫"，让男孩子懂得这样能够省下不少的钱。当然，爸爸妈妈也要明白，砍价能力并非一天两天就能提高的，需要经常提醒，不断地锤炼，让家中的男孩子慢慢学会。

其次，要教给男孩子一些让商家就范的砍价招数。砍价是一门技术，智慧的家长通常会教给男孩子一些砍价技巧，让他们在买卖活动中不断实践，次数多了，成功的机会也就越来越多，而男孩讨价还价的兴趣也会随着成功次数的增加而提高。

第十三章
穷养男孩，管住小情绪

迟到的文具盒

很多父母都抱怨自家男孩脾气急躁，不管什么事情，什么场合，只要稍有不如意之处便会大吵大闹，一点自控能力也没有。男孩做事急躁，爱闹情绪，也并不全是因为娇生惯养，可能是因为父母本身性格急躁，对男孩产生潜移默化的影响。

急躁虽然只是小情绪，但是如果管不好，可能会影响男孩的未来。一个急躁的男孩做事毛毛躁躁，很容易出错，长大后也很难获得成功。穷养男孩，要教育男孩管住自己的小急躁，让生活慢下来。

孟晨就是一个急躁的孩子，很爱发脾气，为此爸爸没少训斥他。爸爸曾为此咨询了一位家庭教育专家，专家建议他先反思自己，再思考孩子的教育问题。爸爸静下心来反思自己，意识到孟晨的急躁和自己有很大关系。

比如，平时让孟晨拿份报纸，他却磨磨蹭蹭，爸爸便失去耐心，劈头盖脸地训斥他一顿。而且如果孟晨做了错事，爸爸更容易急躁。有一次他们在外面吃饭，孟晨不小心将果汁瓶子弄倒了，洒了爸爸一身，刚好那天爸爸穿了一件新西装。于是爸爸当即便大发脾气："跟你说了多少次了坐下不要乱动，你就是不听，你看看我的衣服成什么样子了！"孟晨很委屈地看着爸爸，一副不知所措的样子。

正因为爸爸的急躁，孟晨也变得越来越急躁了。有一次，妈妈在客厅打扫卫生，不小心将他的玩具碰到地上，他便立即大发脾气："妈妈，你看你做的好事，给我弄坏了怎么办？"说完还气呼呼地怒视妈妈。

意识到这点，爸爸便在生活中留心自己的言行，时刻提醒自己在儿子面前保持耐心的形象，同时还监督妈妈的言行。

有一次，全家趁着十一长假乘坐火车一起去外地旅游。出发之前两个小时，妈妈便一直催促孟晨："你行李收拾好了没，拖鞋带了没？"看着孟晨不慌不忙地往自己的小书包里装东西，妈妈一边催促，一边将他的小书包拿过来，三下五除二，将书包装得鼓鼓的。

一旁的爸爸悄声地提醒："你先前说孩子性子急，你看看自己，性子比他还急，这等于给他树立了一个反面榜样。要是你不改正的话，儿子以后只会变得更加急躁。"爸爸这么一提醒，妈妈才醒悟过来。

旅游回来后，孟晨跟爸爸妈妈商量换一个新文具盒，他现在用的这个已经太旧了。爸爸觉得以妈妈的急性子，一定会立即答应他的要求。但是让爸爸没想到的是，妈妈一本正经地对孟晨说："这个文具盒确实旧了，等到这个月月底，妈妈发了工资之后咱们一起去买一个好看的文具盒，怎么样？"孟晨噘着嘴，有点不高兴，但还是答应了。

之后的日子里，爸爸和妈妈统一了认识，约定在孟晨面前一定要有耐心，让自己"慢"下来。而且，爸爸妈妈也有意"拖延"孟晨的要求，让他也慢慢学会耐心等待，时间久了，孟晨的性子便不像先前那样急躁了。

如何教导男孩战胜急躁情绪呢？

首先，家长要以身作则，让自己慢下来。孩子的急躁脾气大都受到父母的影响，因为孩子无时无刻不在模仿自己的父母。如果父母在孩子面前说话的时候心平气和一些，做事慢一些，时间长了，孩子的脾气自然也就变得温和起来。假如父母总是对孩子发脾气，久而久之，孩子自然也会变得暴躁。

其次，家长可以鼓励男孩多参加体育运动。运动是宣泄急躁情绪的好方法之一,在日常生活中,爸爸妈妈不妨培养男孩子的运动兴趣,支持他们多参与自己喜爱的体育项目,这对消除男孩的急躁情绪是非常有利的。

向谢坤山学习

对于男孩来说,时时刻刻保持乐观的心态是非常重要的,因为内心乐观的人往往更容易成功,也更容易获得幸福,即使偶尔陷入困境,也能微笑着面对。

所以家长穷养男孩的一个重要方向就是培养他的乐观心态,让男孩掌握调节心理的能力,不管遇到什么事情,都不沮丧,而是冷静对待。这样的男孩长大后更有成就。

毛鑫上小学六年级后,爸爸发现他的眉头经常皱着,嘴也嘟着,常常会因为一些鸡毛蒜皮的小事情而不高兴,动不动就沮丧万分,经常说这个没意思、那个没劲头、生活好无聊之类的话,像个玻璃心的瓷娃娃。爸爸仔细回想,发现毛鑫把抱怨当成习惯,假如事情不按照他的设想进行下去,他就会噘着嘴表示不高兴;假如他的事情没做好,也会皱着眉头怪别人,认为全是别人的错误。前几天老师让他帮个忙,把办公室里面的资料抱到班级里面,他回家之后就抱怨老师欺负他,说老师看着他老实才让他抱资料的。

爸爸意识到应该引导毛鑫树立起乐观的生活态度,决定和他谈一谈。这天,爸爸对毛鑫说道:"儿子,我发现你最近总是发牢骚抱怨生活,你为什么不能乐观一点呢?"毛鑫皱着眉反问道:"我觉得没有让我乐观的事情发生,没意思。"

爸爸心里虽然有些生气,还是温和地问道:"儿子,爸爸问你个问题。假如一个人瞎了一只眼,他会不会哭泣?假如他断了一条腿,会不

会很悲伤？假如他失去了两只胳膊，会不会痛不欲生？假如这三种灾难同时降临到那个人身上，那个人还能活下去吗？"

毛鑫似乎觉得这个问题很好回答，他想也没想，就回答说："没有眼睛，没有腿，还没有胳膊，那活着还有什么意思，那个人一定会整天哭鼻子，抱怨个不停。"爸爸笑着说："你错了，爸爸看过一本名叫《我叫谢坤山》的书，开篇就是这样问的。这个名叫谢坤山的人因为一次事故失去了眼睛、胳膊和腿，但是他却没有悲观，没有抱怨，乐观地生活。20年之后他成了一名画家，有妻子，有孩子，有一个美满的家庭。这就是乐观的力量。"

毛鑫听了很感兴趣，紧挨着爸爸坐下，问："爸爸，那他是凭借乐观活下来的？""是啊，谢坤山说他从来不去想自己失去了什么，而是想自己还拥有什么，得到了什么，这就是他的乐观心态。其实他有一个秘诀，那就是在每天起床之后，对自己说一句'我很快乐'，时间久了，他自然也就觉得自己是幸福的，是快乐的。"

毛鑫明显地受到感染，他特地向爸爸提出要求，把《我叫谢坤山》的书给他看。之后的几天，12岁的毛鑫回家之后安静了很多，一空下来就捧着那本书看，每天起床之后也会学着书中的人物那样，对自己说一句"我很快乐"。让爸爸欣喜的是，毛鑫的眉头不再动不动就皱起来了，也很少说抱怨的话，爸爸感觉儿子学会了乐观。

男孩的成长过程不可能总是一帆风顺，男孩会面对种种的失败和无奈，如果没有乐观的心态，他们很难战胜那些困难和挫折。因此，身为男孩的家长，应重视培养孩子乐观的心态，让孩子的身心都沐浴在阳光之中。

应该如何培养男孩的乐观心态呢？

首先，培养男孩乐观心态要从我们自身入手。在日常生活中，家长应该为家中的男孩树立一个乐观的榜样，即家长首先要做到乐观。也许家长会在生活和工作中遇到各种各样的糟心事，但是在男孩子面前要尽

量表现得积极向上,让男孩勇敢地面对困境。

其次,告诉男孩不要为掉在地上的蛋糕哭泣。引导男孩一切都要往前看,不为无法改变的事实沮丧伤心,如此才会让男孩学会乐观面对生活。

最后,引导男孩从另一个角度看事情。生活中,除了一些常规角度,还有一些有趣的角度,从不同的角度看待事物,得到完全不同的印象。鼓励男孩遇事从积极的一面解读,这样他才会变得越来越乐观。

旧文具盒和新文具盒

男孩子众多的小情绪中,任性是最常见的一种。生活中,当男孩子的要求得不到满足的时候,他便会使性子,肆意"挥洒"自己的不满,不分对象,不分场合,让家长尴尬,让关心他的人受伤。

孙伟很任性,假如自己的要求得不到满足,便会哭鼻子。他还有一个坏毛病,就是爱和别人攀比,看到同学穿了新衣服,他就嚷嚷着要买一件;同学有新书包了,他也缠着妈妈给他买一个……这样的无理要求越来越多,让爸爸觉得不好好教育他一番,以后会更加肆无忌惮地攀比。

半月前,爸爸刚刚给孙伟买了一个漂亮的文具盒,但是没用一周,他又嚷嚷着要再买一个新的,因为他们班里的一个同学买了一个"立体"文具盒,他羡慕极了,又要跟人家比。

爸爸没有满足孙伟的要求,而是蹲下来,看着他的眼睛,很认真地拒绝道:"这次爸爸不能答应你。钱是爸爸和妈妈辛苦挣来的,绝对不能浪费在攀比上,只有等你的文具盒旧了后才能买新的。"孙伟开始哭闹,爸爸没有理会他,一会儿他见这招不好使,便转身走进自己的房间去了。

第二天早晨，孙伟还在任性地跟爸爸赌气，一声不吭地起床、刷牙、吃早饭，然后出门上学。但是爸爸并没有因为他的赌气而妥协，因为爸爸知道，孙伟越是使性子，自己越应该坚持原则，让他明白这次拒绝是认真的，不是开玩笑。

果然，孙伟并没有坚持多久，下午放学后，见爸爸依然没有"松口"的迹象，他便明白爸爸说话是认真的，不可能改变什么。所以之后他再也没要求买新文具盒，攀比行为也减少了很多。

孙伟爸爸的做法给了我们很多启发。面对男孩的无理要求，家长要学会"认真拒绝"，讲明白拒绝的理由，并且坚持自身立场，让男孩明白这份拒绝的严肃性和坚决性，继而接受最终结果，学会尊重爸爸妈妈的决定。

当男孩使性子、赌气时，家长应该怎么做？

首先，面对男孩的任性，家长的态度一定要认真坚决。当家长拒绝男孩子的无理要求时，在态度上一定要认真坚决，不要因为各种原因而动摇。男孩年龄小、阅历浅，是非观念还不清晰，家长模棱两可的态度往往会给他一种错觉，让他觉得自己还有机会，于是在被拒绝之后便使出浑身解数，软磨硬泡，死缠烂打，妄图改变家长最初的决定。假如家长妥协了，便会助长孩子的任性情绪。

其次，对男孩子提出的不合理要求，要找出充分的拒绝理由。家长在拒绝了男孩子的要求之后，一定要及时向他说明拒绝的理由，而且理由一定要充分，让男孩子明白他的要求是不合理的，父母不是不爱他，只是不想满足他的不合理要求。

最后，男孩认识到自己的错误，家长一定要表扬。假如男孩听从了家长的劝告，被拒绝后并没有任性地坚持自己的无理要求，那么家长要及时表扬男孩。比如，可以对男孩子说"你今天没有继续吵闹，要求爸爸给你买水枪，说明你长大了，懂事了，妈妈要表扬你。""你变得懂事了，已经意识到吃零食的危害了，知道保护自己的身体了。""你

今天没有坚持吃冰激凌，晚上妈妈给你做最爱吃的糖醋鲤鱼。"适当的表扬可以强化男孩子的良好行为，帮助他养成习惯。

爱你，才会批评你

每个人都会犯错误，成人如此，男孩更是如此。在家里，父母的批评男孩子也许不会太在意，因为爸爸妈妈都是他最熟悉的人，批评几句，并不会伤害到男孩的自尊。但是，如果在学校被老师批评了，男孩就会觉得很"受伤"，会很不服气，觉得老师不喜欢自己，或者偏袒他人。

当男孩子被老师批评了，向家长诉说心中的不服气时，家长最好能够理性应对，让男孩明白自己错在了什么地方，问一问男孩："为什么老师批评了你而不批评别的同学？"只要家长将这一点分析出来，那么男孩的不接受批评的小情绪就会缓解很多，因为他明白自己错在了什么地方，知道今后怎么做，对老师批评的意义也就有了正确的认识。

马亮上小学五年级后，开始在班级里耀眼起来，每次考试都能排在年级的前几名。但是让爸爸妈妈比较伤脑筋的是，马亮比较顽皮，经常犯一些小错误，而且对老师的批评总是不服气。

有一次，他因为赖床上课迟到，当老师问他为什么迟到的时候，他就随便找了一个借口，说："妈妈准备早餐的时间晚了，非要我吃完饭再来，我才会迟到的。"还有一次，马亮放学后和同学去踢足球，忘记做老师布置的作业。第二天老师问他为什么没完成作业，他就告诉老师："我做完了，只是落在家里了。"诸如此类的小借口，让老师很头痛，和他谈过几次心，但是效果并不明显。

期中考试的时候，马亮复习不全面，语文只考了70分，和平时的成绩差距很大。老师就问他："这次你为什么发挥失常了，考了这点分

数?"马亮就找了一个借口来回答老师,他说:"这次考试之前我感冒了,浑身不舒服,所以考试的时候没发挥出正常水平。"老师知道他又在为自己的过错找借口,当着全班同学的面批评他道:"马亮,你最大的毛病是做事不肯脚踏实地,做错了总是找借口,不肯正视自己的不足!"

回家后,马亮向妈妈抱怨老师,不服气地说:"老师太过分了,我根本就没做错什么,他就批评我,而且还是当着那么多同学的面,让我很没面子!"妈妈看得出,对老师的批评马亮是很抵触的,只想着在同学面前丢了面子,而没有意识到自己的错误。

"那你先平静一下,然后告诉妈妈,老师批评你的话是对还是不对?"妈妈说。马亮静静地想了一会儿,然后告诉妈妈:"老师批评得有道理,但是我听了心里就是不舒服!"

"傻孩子,你要明白一点,老师为什么只批评你而不批评别的同学呢?一是你的确犯了错,老师看到了,有责任批评你,督促你改正;二是老师之所以批评你,是爱护你,欣赏你,就像爸爸妈妈做的那样,老师是为了你好。"

听妈妈这么分析,马亮不服气的表情消失了,他很认真地对妈妈说:"我明白了,老师批评我是对我好,我今后一定会虚心接受老师的批评,认真学习。"

妈妈的分析让马亮对老师的批评有了更加深刻的认知,理解了老师对他的爱和保护,继而一扫之前的小情绪,开始正面地看待自己的缺点,做出了改正的承诺。

男孩子正处于成长阶段,思想还不够成熟,认知也不怎么全面,是非观念不够强,所以很容易犯错误。犯了错并不可怕,可怕的是犯了错却认识不到自己的错误,被批评还不服气。尤其是老师的批评,男孩都比较抵触,这个时候家长就要及时地开解男孩,给男孩子以爱的鼓励,帮助他正确看待老师的批评。

首先，家长应该让男孩意识到老师这份职业的崇高，老师之所以批评他，完全是出于一种职业精神，是一种爱的表现，为的是让他变得更加强大。男孩由于年龄比较小，往往只看到了老师批评的表面，认识不到老师批评的深层意义。这个时候家长要为男孩分析一下，将老师批评他的原因直观地展现出来，正确看待老师的批评。

这样一来，男孩子在面对老师批评的时候心态才会更加平衡，才会端正态度接受批评，用正确的方法和老师沟通。如此一来，男孩才能取长补短，才会在学习上不断进步。

其次，家长要引导男孩换位思考。有的男孩将老师对自己的批评看成了对自己的"轻视"和"打击"；有些男孩子觉得老师不应该当着别的同学批评自己；有的男孩则觉得老师批评的语气不够委婉，太直接，太伤人……总之在这些男孩的眼中，老师的批评伤害了他，导致他闷闷不乐，自尊大受打击。

这个时候，家长不妨让男孩和老师换一个位置，反问男孩："假如你是老师，你会怎么批评？"这样能够让男孩最大限度地平复情绪，理解老师。也许老师关心得太迫切，所以口气太直接了，也许老师时间太紧张了，所以没有多想……当男孩习惯这么理解老师的时候，那么他对待老师的批评就会平和很多，也会正视自己的缺点，理解老师的良苦用心。

考试不好都是别人的错

我们身边不乏这样的人，不管遇到什么困难，都先从别人身上找原因，好像自己一点责任也没有。虽然这只是一种小情绪的表现，但是往深里说，就是不负责任。

一个男孩如果遇到一点小事，就抱怨这个抱怨那个，不找自己的原因，那么他永远不会进步，长大后也很难有大的成就。

冯博正在读五年级，一天放学，满脸的不高兴，爸爸一问才知道他们班前几天数学考试的成绩下来了，这次他的成绩有些不理想，和上次相比退步明显。爸爸让他说说退步的原因，冯博想了半天，说了一大堆理由，什么上课的时候同桌总是做小动作，干扰他听老师讲课；考试的题目太偏了，他看不懂；老师最近生病了，讲课的声音小了很多，等等。

爸爸听了很久，也不见他提一条自己的原因，就忍不住问："说了这么多，爸爸怎么没有听到一条你自己的原因呢？"冯博却将小嘴一撅，理直气壮地告诉爸爸："我觉得自己没有什么过错，都是他们不好！"

爸爸很困惑，一时不知道该怎么教育冯博。妈妈点出了问题的所在："孩子的抱怨也许和你有关系。"原来前段时间，冯博奶奶生病了，爸爸的脾气变得很坏。回家后常常当着冯博的面跟冯博妈妈抱怨个不停，诉说那些日子的辛苦。有时候冯博妈妈劝爸爸想开一点，乐观一些，爸爸还会向她发脾气。听了妈妈的话，爸爸一下子意识到自己的言行影响到了孩子，冯博的内心一定觉得：假如生活和学习中出现了什么问题，就可以用抱怨的方式解决。

明白了这些之后，爸爸专门找了一个机会跟冯博长谈了一次，告诉他遇到问题的时候，抱怨解决不了任何问题，要从自身找原因。为了增加说服力，爸爸还特地将之前奶奶生病的事情拿出来做例子，告诉冯博："爸爸那时候抱怨这个抱怨那个，是很不负责任的表现，根本解决不了任何问题。所以爸爸决定从现在开始就改掉抱怨的毛病，你来监督爸爸好不好？"

冯博听了爸爸的话，说："我也要和爸爸一样，改掉这个毛病。"

一次作文作业，冯博没有完成，对爸爸抱怨道："老师布置的作文太难了，我不会写！"爸爸拿过他的作文本，看到他要写的作文题目是《难忘的一件事》，他仅仅在下面写了这么几句："姥姥生病了，妈妈把她送到了医院,我坐在门口等着。"

看着还想抱怨下去的儿子,爸爸立即提示他:"这是什么时候发生的事情呢?发生在什么地方?人物除了你、妈妈和姥姥外,还有没有别人?你当时的心情是怎样的?姥姥后来怎么样了,病情好转了没有?"根据爸爸的提示,冯博丰富了自己的作文,爸爸顺便告诉他:"遇到困难,先想解决方法,抱怨是解决不了任何问题的。"

这件事对冯博启发很大,他慢慢改掉了抱怨的毛病。

怎样才能帮助男孩战胜抱怨的负面情绪,学会积极解决问题呢?

首先,家长应给男孩子一个不抱怨的世界。为了孩子的健康成长,不管今后在生活和工作中遇到什么问题,家长都不应在儿子面前抱怨什么,要做一对"坚强的父母"。除了以身作则外,家长还需要和男孩一起面对困难,学会用积极乐观的心态去解决问题。这样一来,才会让男孩走出抱怨的世界。

其次,鼓励和引导男孩面对问题,解决问题,用一种积极的心态看待问题。男孩抱怨,可能因为惰性,也可能因为自身能力有限。这个时候,家长应该给予男孩一定的指导,帮助他们应对生活和学习中的各种问题,这样男孩就能把抱怨化作解决问题的动力。

第十四章
穷养男孩，就要让男孩"慢"下来

一天一集《智慧树》

自律是一个成功者必须具备的品质。爸爸妈妈在日常的家庭教育中，应当重视男孩子自我控制能力的培养。"延迟满足"练习则是让男孩子学会自我克制的好方法。

张志非常喜欢看电视，特别对《智慧树》这个节目着迷，每天放学一回家，总要打开电视，看这档节目。对此爸爸妈妈倒是没有干涉什么，《智慧树》很适合张志这个年龄段的孩子，内容丰富、形式活泼，很锻炼思维能力，多看看有助于张志养成爱思考的好习惯。

但是渐渐地，妈妈发现张志每次看完都想再看，似乎想要一口气将所有的《智慧树》都看完。妈妈感觉张志缺少必要的耐心，不管做什么事情，总是很急躁，连看电视都这样。

一天，张志在看完一期《智慧树》之后，终于忍不住了，对妈妈说："妈妈，我还想再看一集《智慧树》，时间太短，我还没看够呢！"妈妈故意露出为难的表情，回答道："《智慧树》每天都是播出一集的，你要是想看，只能等到明天这个时候才能看了。"

张志狡黠地笑了起来，拉着妈妈的手摇来摇去，说："不是还有电脑吗，我想在爸爸的电脑上看。"妈妈一听顿时明白了张志的小心思：原来张志放学之后看的《智慧树》都是昨天重播的，并不是当天的最新版，而在网络上则能看很多之前没看过的，当然最新的那一期是张志最想看的。

妈妈觉得这正是一个锻炼儿子耐心的好机会，于是蹲下来对张志说道："儿子，电脑爸爸一会儿还要用呢，我刚听爸爸说要加班打一篇稿子的。"妈妈这么说着，向一旁的爸爸使了个眼色，爸爸会意，走进书房将门锁住了。

于是张志不得不放弃了一口气将所有节目看完的想法，只能等到第二天再看了。之后妈妈总是想法延迟答应张志的各种要求，让他习惯等待。时间长了，张志似乎也习惯了这种等待，性子不再如先前那么急躁了。妈妈看到张志的这种改变，心里很高兴。

很多男孩子都有这样的毛病：不会克制自己的情绪，遇事急躁莽撞，没有耐心。如果愿望得不到满足，孩子一哭一闹，爸爸妈妈就会做出妥协。但是家长给孩子的这种满足，对男孩子今后的成长十分不利。长此以往，家中的男孩子就会养成习惯，认为只要自己想要的就会立即得到满足，那么他们势必会变得越来越任性，越来越急躁，做事缺少耐心，最终一事无成，庸庸碌碌一辈子。

因此，家长要学会"延迟满足"。所谓"延迟满足"，就是暂时克制自己的欲望，放弃眼前所想要的东西，抵制住诱惑，追求更大的目标。纵观古今中外，那些能够成就事业的人，往往都是有毅力有耐心的人，这些人会将一个个欲望当成自己前进道路上的动力。

在平时的家庭教育中，家长应当怎样运用延迟满足的方法？

让男孩子多等待一分钟。辉辉放学回家之后嚷嚷着肚子饿了，要吃饼干，让妈妈将放在柜子上的饼干盒子拿下来。妈妈于是跟辉辉说："等一分钟成吗，妈妈现在忙，腾不出手来。"见妈妈在厨房切菜，辉辉虽然心里不乐意，但是只能耐着性子等。其实妈妈是有意而为之，为了磨砺辉辉急躁的性子，他的要求总是习惯性地往后延迟一分钟才兑现，如此一来辉辉也就变得越来越有耐心了。

必须付出一定的代价才能满足欲望。日常生活中，对家中男孩子的一些要求，爸爸妈妈可以提一些条件，男孩子必须付出一定的时间或者

精力才能完成，然后父母再满足他的要求。这样，男孩就会明白，天下没有免费的午餐，必须耐心完成任务，才能得到回报。

爸爸妈妈要让孩子在日积月累的生活中慢慢明白这样的道理：家长还有比他们要求更急切、更重要的事情要做。这样一来，家中的男孩子才会"善解人意"，学会控制自己的情绪，耐心等待。

小小金鱼饲养员

如果一个男孩精力不能很好地集中，做什么事都没有耐心，那他什么事情也做不好，包括学习，长此以往，他们的耐心会受到某种打击，做事情更加没有耐心，形成一种恶性循环。

而兴趣是一个人主动做事的动力，也是一个人能够集中精神的"催化剂"。对家中的男孩来说，当他们在做某件事的时候感受到其中的乐趣，才会耐心起来，才能在做事的过程中集中全部的精力，不排斥，不应付，不懈怠，将手中的事情做好。

晓峥做事精力总是集中不起来，缺少责任心，更没有耐心，这让妈妈很头痛。为了改变晓峥身上毛躁没有耐心的坏毛病，妈妈觉得很有必要让晓峥锻炼一下，做一些能够集中精力的事情。

有一天，妈妈从市场上买了五条漂亮的小金鱼，还配了一个精美的鱼缸。妈妈一进家门，晓峥就两眼放光地接过了妈妈手上的金鱼，乐滋滋地说："妈妈，你怎么想起买金鱼了，真好玩。"

见晓峥很喜欢金鱼，妈妈抓住时机，将鱼缸和鱼苗放好后，对晓峥说："儿子，妈妈想把喂养鱼苗的任务交给你，你觉得怎么样？"晓峥笑得更加灿烂，他向妈妈确认道："妈妈，你刚才说的话是真的吗？"妈妈很郑重地点点头，告诉晓峥："这几条金鱼就是妈妈专门给你买的，不过妈妈可是要特别要求你，将它们交给你照看，你可要有耐心

啊，不能像以前一样，喜欢上几天就撒手不管。"晓峥拍着小胸脯向妈妈保证道："妈妈，你就放心吧，我一定会将这些小金鱼照顾得好好的。"

从此，晓峥几乎将其他的爱好都放下，每天放学回家后的第一件事就是跑到鱼缸前仔细打量几条小金鱼。他按照妈妈之前的要求，一天给金鱼换两次水，还专门买来干鱼虫做金鱼的食物，将金鱼喂养得很"水灵"。

但是几天后，晓峥的新鲜劲一过，对照顾金鱼的工作就表现得有些不耐烦了，每天两次的换水减少到一次，最后减少到了几天一次，而且给金鱼喂食的次数也少了很多，喂食的时候也缺少耐心，一把鱼食撒下，就跑出去玩了。妈妈觉得晓峥还没有体会到养鱼的乐趣，难以沉浸其中。

妈妈专门找了一个时间，对晓峥说："儿子，妈妈发现你最近不喜欢小金鱼了？你应该将小金鱼当成自己的孩子，就像妈妈照顾你一样，耐心地照顾小金鱼，不然小金鱼会伤心的，吃不饱，睡不好。""当成自己的孩子？"晓峥像是看到了一个新的世界一样，为自己和小金鱼间的新关系而高兴。

果真，接下来晓峥的精力又集中在了照顾小金鱼的工作上，并且从中感受到了快乐：每天看着金鱼的一举一动，晓峥都会乐在其中，时不时地喊道："吃得真多，小心长成胖子。""妈妈快看，它们在打架。"看着晓峥能够始终如一地照顾金鱼，并且从中感受到快乐，妈妈开心极了。

妈妈让晓峥照顾家里的小金鱼，做金鱼的爸爸妈妈，晓峥终于获得了照顾金鱼的乐趣，不仅锻炼了耐心，还认识到责任心的重要性。因此，在家庭教育中，家长要懂得如何让男孩找到做事的乐趣，用乐趣来吸引孩子，使孩子的耐力获得锻炼。

如何让孩子在做事过程中获得乐趣？爸爸妈妈一定要告诉家中的男

孩，只有耐心做事才能感受到持久的快乐，才会看到成功的希望。男孩子因为自身年龄和阅历的关系，有时候很难在一件事情中找到吸引自己的乐趣，这个时候就需要爸爸妈妈及时引导，为男孩指出一个方向，爸爸妈妈最好能和孩子一起去做这件事，耐心地投入时间和精力后，就会获得成就感，从此产生乐趣。

做事有耐心，能在很大程度上促使男孩展现出自己独特的天性，因为一旦男孩在某个方面专注地投入，找到自己感兴趣且擅长的事情，那么男孩势必会全身心地投入进去，获得一定的成绩。当一个男孩子能够持久地从一件事情中感受到喜悦和满足时，他们便会充满耐心地去做好这件事。久而久之，一件事如此，两件事如此，发展到事事如此，那么男孩子的精力也就能够集中起来了，做事的时候耐心自然也很足，成功的概率也就大大提升。

你是个善始善终的好孩子

现实生活中，我们经常会看到一些男孩子做起事情来不是虎头蛇尾，就是半途而废，总是做不到善始善终。一些家长觉得这是"小事情"，视而不见，甚至迁就放任男孩子的这种行为。其实这样的做法是错误的，一个做事不能善始善终的男孩子，意志力会很差，做事缺少耐心，很难想象他们长大之后能做出什么成绩。所以爸爸妈妈要重视起来，培养男孩子做事善始善终的习惯。

周末，爸爸要带着全家去朋友家做客，爸爸妈妈换好衣服就要出发，只有斌斌仍待在那儿。妈妈喊道："斌斌，咱们快走吧，叔叔正等着我们呢，去晚了叔叔会不高兴的！"听到妈妈的喊声，斌斌马上站起来，想了想又坐了下去。

"怎么了？"正欲迈出大门的爸爸看到斌斌站起来又坐下，不解地

问。"今天我可能去不了叔叔家了!"斌斌有些着急地说。"为什么不能去?"妈妈问道。"妈妈,我昨天作业只做了一半,原本计划今天做完的。""我以为有什么重要的事情让你必须留下来呢。这好办,咱们回来后你再做作业怎么样?"妈妈说完,便拉着斌斌的手要走。

"不行!不行!今天去叔叔家,一定会待很久的,要是回来晚了,我就没时间做作业了。而且我昨天晚上已经将今天的时间都计划好了,没有跟你们去叔叔家这一项活动。"斌斌着急得快要哭了,不想跟着爸爸走。"那也不要紧呀!回来后爸爸帮你做怎么样,一会儿就做完,不耽误你交作业。"

一旁的妈妈连忙制止爸爸说:"不!不行!儿子做事要善始善终,已经开了一个好头,计划今天将剩下的作业做完,怎么可以随意改变呢。而且你还要帮着做作业,就更不应该了!"听妈妈这么一说,爸爸也意识到自己刚才的做法不恰当,要是真那么做的话,就打乱了孩子的计划。

"我明白了,斌斌是一个做事有始有终的好孩子,开了一个头,就要认真完成,对吧?"爸爸微笑着看着斌斌,接着说,"好吧,那就让我们的斌斌留下来继续写作业吧!"

养成善始善终的习惯,对孩子的发展十分重要。斌斌的爸爸最初没有意识到这一点,认为这只是一件小事情,回来之后弥补就可以了。但是斌斌的妈妈却意识到善始善终的重要性,所以支持斌斌的想法,鼓励他耐心地完成作业。

从心理学上看,善始善终的习惯可以帮助孩子摒弃焦躁心理,产生一种责任感。当一个男孩内心浮躁的时候,他们做起事情来就会缺少持之以恒的耐力,很难做到善始善终;从另一方面讲,缺少责任感的男孩子也很难做到善始善终,因为对于他们来说,很多事情都是无意义的,和自己没有什么关系的,所以很难坚持到最后。

爸爸妈妈想要让男孩子做事善始善终,首先就要消除男孩子做事浮

躁的心理，培养男孩子的责任感，使他在做事的过程中始终保持积极的动力，从一而终，将手中的事情做好、做精。

其次，爸爸妈妈要做孩子的表率。在家庭生活中，其实很多家长自己都做不到善始善终，无形中给孩子树立了一个坏榜样。所以要想让家中的男孩做事善始善终，爸爸妈妈要先做到这一点。

最后，要鼓励男孩遇到困难坚持一下。当男孩在做事的时候遇到了困难想要退缩甚至放弃的时候，爸爸妈妈要鼓励他"多坚持一会儿"，哪怕一点点的坚持，都会让孩子离成功更近一步。每次坚持一点点，不断地积累下来，最终获得成功。

朗读课文给妈妈听

儿童教育专家认为，男孩只有先养成一种做事专心的习惯，才有可能在长大之后对自己的事业全身心地投入，而不会被其他一些事情所诱惑干扰。调皮的男孩做事情往往缺少专注的精神，刚刚开始玩积木，没过一分钟又去玩电脑；篮球才玩了几天，又想去踢足球……所以爸爸妈妈要在日常的生活和学习中培养男孩专心做事的习惯，这对男孩子将来的成长是十分重要的。

智慧的家长会在家庭生活中想方设法延长男孩的专心时间，通过量的积累，最终达到质的转变，让家中的男孩子最终养成做事专心的习惯。

熙熙自从上小学一年级开始，语文成绩就不是很稳定，分数有时候很高，有时候则很低。所以他一直对语文学习有抵触情绪。有一次，语文老师让熙熙朗读一首古诗，但是熙熙却读错了两个字，引得全班同学哄堂大笑。语文老师也没有给熙熙留什么面子，当场就批评了熙熙，让他感觉更加难堪。

过了几天，语文老师又换了一种方式，在黑板上写出拼音，让同学们走上讲台根据拼音写出相应的诗句。这次老师又点了熙熙的名字，但是熙熙由于信心不足，写错了两个字，同样惹来同学们的大笑。

屡次受到同学嘲笑的熙熙决定好好练习一下语文读写，于是他要求妈妈帮忙，每天晚上做他的"听众"和"老师"，帮助他矫正读错的字词。妈妈非常高兴，她早就意识到熙熙语文成绩之所以波动较大，主要的原因还是在于他毛躁的个性，做事缺少耐心，而语文又是一门必须耐心去对待的课程。

第一天晚上，熙熙尽管很有积极性，但是他只给妈妈念了三分钟的课文就在屋子里待不住了，惦记着一个爱看的动画片。妈妈并没有强硬地要求他必须坚持多少分钟，因为妈妈已经有了一个渐进的计划，这仅仅是一个开始。

第二天晚上，妈妈将一直放在熙熙床头的小闹钟摆在书桌上，在开始前对熙熙说出了自己的期望："昨天的听写只进行了三分钟，今天咱们坚持到十分钟怎么样？只要你提高注意力，耐心朗读，耐心听写，这点时间一会儿就过去。"这次熙熙很听话，前五分钟朗诵课文给妈妈听，后五分钟听写字词诗句，很专心的样子。

第三天晚上，妈妈并没有说什么，而是在原来的十分钟的基础上又悄悄地延长了五分钟，等到妈妈说"可以"的时候，15分钟的时间已经过去了。在这段时间内，熙熙一直专心地朗读和听写，直到妈妈说时间到了他才出去看电视。

妈妈觉得自己逐渐延长时间的办法很有效果，熙熙专心的时间变得长久起来。于是在接下来的一个月时间内，妈妈一点点地延长时间，慢慢地将晚上诵读和听写的时间延长到了一个半小时，在这段时间内，熙熙能够专心地学习，效率大大提高。

心理学家认为，注意稳定性是提升一个人工作和学习效率的基础。所谓注意稳定性，是指一个人能够将自己的注意力长时间落在某事物

上。注意力是学习、情感、记忆产生的先导，没有注意力，人类行为能力发展就会受阻。

假如男孩子注意力不够集中，那么他的学习就不会很好，记忆也不会出众，对情感的认知也会很迟钝。所以爸爸妈妈在家庭教育中，要培养男孩子的注意力，让他变得专心起来，这样才能提高学习效率，提升情商。

熙熙妈妈采用了逐渐延长熙熙专注时间的方法，让熙熙不知不觉间变得专心起来，注意力集中时间加长，为以后的学习和工作打下一个良好的基础。

具体来看，家长可以这样做：

对男孩要有耐心。想要家中的男孩变得有耐心，让他们学会专心做事，家长自己也要有耐心。提升男孩子的专注力，不是一朝一夕的事情，假如男孩子表现得不好就大声呵斥，那么这种方法将很难进行下去，即使勉强进行，男孩子也难免"身在曹营心在汉"，很难收到良好的效果。

延长的时间要有度。也许有些爸爸妈妈内心比较着急，想让家中的男孩尽快变得专心起来，于是不断地让男孩延长专心的时间，有些到了最后甚至要求男孩子整晚都要待在屋中学习的地步。其实这样做不符合男孩心理发展的规律，循序渐进才能让孩子慢慢适应，不至于产生逆反心理。

另外，要求男孩子做事专心不等于剥夺男孩子玩耍的时间，要做到劳逸结合才能让他在之后的时间内更加专心做事。

妈妈的好帮手

在日常生活中，很多看似微不足道的小事情都可以用来培养男孩的耐心。也许男孩在刚刚开始时会一边玩耍一边做事，没关系，爸爸妈妈

可以站在一边指导一下他们，教授一些方法，直到他们将事情完美地做完为止。时间久了，男孩子就会养成耐心做事的习惯，就会明白任何事情都需要集中注意力，坚持做好、做精。

妈妈和凯峰做了约定：妈妈周一、周三、周五以及周日洗碗，凯峰则周二、周四和周六洗碗。一开始，凯峰洗碗的时候，认为只要将碗洗干净就算完成自己的任务，大一点的盘子以及炒锅都还是妈妈自己清洗，整个厨房的卫生也是妈妈自己动手清扫。

但是有一天，妈妈突然意识到自己的这种做法并不好：虽然洗碗是一件小事情，但是只让儿子洗碗而不去做别的事情，并不能培养他完整地做好一件事情的耐心，相反，时间久了还可能让他养成做事虎头蛇尾的坏习惯。

所以再轮到凯峰洗碗的时候，当他洗了几个小碗准备撤退时，妈妈叫住他，说道："儿子，你洗得碗真干净，但是摆在桌上显得有点乱，咱们一起让它们归队好不好？"凯峰一听就动起手来，将几个碗整齐地放进橱柜中。妈妈接着引导凯峰："儿子，你看桌面上有一些水痕，你拿抹布擦干净好吗？"凯峰于是接过妈妈递来的抹布，将桌面仔细地抹了一遍。

妈妈拉起凯峰的手，夸奖他说："儿子，你真能干，一个人将碗筷和厨房收拾得这么干净，真是妈妈的好帮手啊！"听到妈妈的夸奖，凯峰自豪地笑起来，从那之后不等妈妈说什么，他洗碗后会耐心地将其他事情也做了，将整个厨房都收拾得很干净。

妈妈觉得这个办法好极了，让儿子独立去做一些小事情，自己陪在一边聊聊天，指导一下，时间久了，凯峰做其他事情也变得越来越有耐心。

心理学家认为，孩子能不能控制自己的行为是非常重要的。假如一个孩子没有自我控制的能力，就会盲目地做事，遇到一点困难就放弃，

很难做好一件事情。比如一个男孩子原本成绩很好，但是却迷恋上电子游戏，以至于将所有的时间都用来玩游戏，导致成绩一落千丈。可见懂得控制自己的行为，让自己始终对一件事情充满耐心，从头做起，善始善终，是一个男孩成长过程所必备的素养。

凯峰妈妈就是用小事培养儿子的耐心，收到奇效，让孩子在不知不觉中拥有了做事的耐心，为将来的进一步发展打下了良好的习惯基础。因此，爸爸妈妈千万不要觉得小事无关紧要，只要善于利用，小事也能起到大效果，让平日毛躁的小男孩变成做事耐心的男子汉。

首先，做小事时让男孩学会等待。男孩没有耐心的时候，家长可以让男孩做一些小事情，让他们学会等待，不能因为男孩子的急躁要求而做出让步。假如爸爸妈妈每次都在男孩的要求下让步，那么男孩子就会觉得"爸爸、妈妈总是听我的，我想怎么样就怎么样"，那么他做事的时候就会变得越来越没有耐心，小事情不做，大事情根本就坚持不到最后。

其次，让男孩子明白，小事情耐心做好也会成就大事业。小事虽然看起来不起眼，过于简单，但是却能在不断地重复中磨砺一个人的意志，让人变得更有耐心，更坚定。而这些意志恰恰是做好事情的基础，一个人如果缺少耐心和意志，才华也会被埋没。